Si crees que puedes, puedes

Rafael Ruiz Almeida

DEDICATORIA

Dedicado a todos los que creyeron en mí, y no menos importante, a todos los que habéis comprado este libro, gracias, sin vosotros sería más difícil, de lo que es, el poder seguir escribiendo.

ÍNDICE

AGRADECIMIENTOS

No puedo evitar dar las gracias a mi primo *Raúl Ruiz Mateos* por su ayuda a la hora de crear la portada de este libro, gracias.

También agradecer a mi madre todo su apoyo, siempre está ahí, y sé que siempre lo estará.

Y por último, y no menos importante, a mi novia, por aguantarme todos los días. Te quiero.

1. ¿PODRÉ SALIR DE AQUÍ?

No sé cómo acabé aquí, en este fétido y oscuro barrio de yonquis.

Probablemente el haber consumido cocaína sin discreción ha ayudado a llegar a esta situación. Con dieciocho años y no pudiendo pasar un maldito día sin consumir ese oscuro pero blanco polvo.

Me desperté bastante temprano en la chabola en la que vivo, la cual era de un colega. La mañana era calurosa, y más metido en un cuchitril como es la chabola.

Salí a la calle y, como no tenía ni siquiera un cigarro para fumarme, decidí ir al centro de la ciudad...para robar dinero, o cualquier cosa que pudiera cambiar por coca.

Todos los días parecían igual, robar, consumir, robar, consumir. Esa monotonía era insoportable, parecía una enfermedad crónica, nunca acababa, era una historia interminable...pero es lo que me he labrado por entra en este lúgubre mundo.

Fui andando hasta el centro de la ciudad, observando a la gente, buscando alguna persona débil y descuidada. Me fijé en una anciana que caminaba unos metros delante de mí. La fui siguiendo hasta que no había nadie más, y corrí hacia ella; agarré el bolso y de un tirón se lo quité. Continué corriendo como si me persiguiera una jauría de perros, mientras la anciana caía al suelo y pedía ayuda; no sentí el más mínimo remordimiento, sólo me importaba que el bolso contuviera algunos euros. Cuando ya estaba lejos y solo, abrí el bolso y lo registré...sólo tenía cincuenta euros y algo de calderilla; tiré el bolso en un contenedor y compré tabaco en un bar cercano. Me fumé un par de cigarros de camino al barrio, y una vez allí, compré un gramo de coca.

Estaba nervioso por las ganas de fumar ese amargo y blanco polvo...y aún lo tenía que cocinar para transformarlo en cocaína base. Me apresuré por llegar a mi chabola, y al entrar me senté en mi sofá, cogí una cuchara, volqué medio gramo en ella, y le añadí un poco de amoníaco y algo de agua. El pulso me temblaba y temía que se me cayera todo. Calenté la cuchara con un mechero hasta que pasó de ser cocaína cruda a ser base.

Con la ayuda de una servilleta de papel fui quitando el líquido que quedaba, y con otra sequé la blanca pasta. La piqué con una navaja y puse un poco en mi botella...cada vez temblaba más, sudaba y parecía que algún ser recorría mi cuerpo. Fumé de la botella y aquel maligno humo me calmó...aunque mi cuerpo sólo pedía que volviera a repetir. En el fondo sabía que me estaba matando de una forma muy dolorosa y exasperante...aun así, el control al que me sometía esa amarga amante, inhibía todo intento de dejarlo. Fumé una vez más y me quedé tumbado en la cama un par de minutos. Cuando abrí los ojos, estaba un conocido del barrio, y por su cara apostaría que hoy aún no fumó nada.

-Tío- me dijo- invítame a una calada, tengo un mono que me come por dentro.

Pensé en invitarle a una, alguna vez también me invitó...aunque más tarde probablemente me arrepentiré. Le dije que se sentara, y saqué otra botella, le eché un poco a él y yo también me cargué la mía. Nos la fumamos, pero él no parecía estar complacido, y yo no pensaba invitarle ni a una más.

-Venga tío- me dijo- invítame a otra más.

-¡No!- le grité- sal y búscate algo de pasta. Yo ya cogí un bolso, y me queda poco.

Él me agarro…el mono ya le estaba haciendo perder la cabeza, y como había visto antes, podía crear peleas en personas que se apreciaban mutuamente. Yo agarré su mano, la quité de mi brazo, y mirándole a los ojos le dije:

-Como me vuelvas a tocar, te comes el cenicero.

Si algo aprendí en los meses que llevo aquí, es que con el tipo de personas que vivimos esta vida, la confianza y la amistad pueden dar un giro de trescientos sesenta grados, y no se podía ceder lo más mínimo.

Se me encaró, agarré el cenicero de cristal que tenía a mano, y lo reventé contra su boca. Creo que le rompí algún diente…el cenicero se destrozó en mi mano, que sangraba bastante…aunque no tanto como su boca. No paraba de gritar, el muy cabrón.

-Te avisé- le dije mientras le pegaba un empujón para sacarlo de mi chabola- lárgate y no vuelvas.

Se fue corriendo y tapándose la boca…yo sabía que volvería, aquí la venganza es parte del almuerzo de cada día. Me fumé lo que me quedaba de base, que era apenas una calada, y salí a comprar un bocadillo. Después de gastarme lo que me quedaba en el bocata, volví a estar sin blanca…aunque aún me quedaba medio gramo.

Me comí el bocadillo de mortadela, y volví a mi chabola a fumarme el medio gramo que tenía guardado en el dobladillo inferior de la camiseta; lo guardo ahí siempre por si me para la policía…ahí nunca me lo encontraron. Entré en mi chabola, y repetí el proceso de cocinar la coca para que pasara a ser base, y empecé a fumar.

Cuando fumo, a veces pienso en mi vida antes de atarme esta piedra al cuello y saltar al mar…en mis colegas, mi familia, y en lo que creía que sería mi futuro. No pasó mucho tiempo, cuando me di cuenta que no quedaba nada de fumar...decidí salir para intentar robar algo.

Ya era de noche, el mejor momento para trabajar. Me dispuse a ir al centro de la ciudad, a una zona de pubs en la que los chavalitos iban a hacer botellón. Tardé media hora en llegar, pero había bastante gente bebiendo en los aparcamientos.

No quería tardar mucho en volver al barrio con algo de pasta, así que fui al callejón que usaban a modo de baño. Me puse la capucha de mi sudadera, metí las manos en los bolsillos, y con la mano derecha agarré mi navaja. Sólo vi un grupo de tres chavalas al que me acerqué. Al verme, sus caras cambiaron drásticamente; se notaba desconfianza y miedo en cada una de sus inocentes caras.

Con rapidez le puse la navaja a una en el cuello, y les dije que me dieran todo el dinero y lo que tuvieran de valor. No dudaron ni un segundo en dármelo, algo lógico viendo mi ropa y mi enmonada cara. En cuanto tuve todo el dinero y pendientes de oro en mis manos, salí de allí corriendo en dirección al barrio.

De camino pensaba en las chavalas a las que acababa de atracar, y me acordé de mi amiga de la infancia, tendrá una edad parecida a la de ellas...y a la mía. Era la primera vez que sentía algo parecido a los remordimientos...aunque desaparecieron fugazmente al comprar algo de coca y fumármela en mi triste chabola. Me resultó extraño que nadie apareciera por aquí...pero mejor, tenía coca, ¿Qué más podía necesitar? Cuando me quedaba apenas un par de caladas, me tumbé en la cama e intenté dormir; guardé las dos caladas para cuando despertara.

Dormitando pensaba en mi amiga de la infancia, y en las cosas que había hecho desde que me adentré en este mundo...sentí el remordimiento de aquellas acciones.

Al no poder dormir, me senté en la cama y preparé otra calada. Me la fumé, y volví a tumbarme para intentar conciliar el sueño.

Resultaba imposible, parecía que el recuerdo de mi amiga era la puerta hacia miles de recuerdos de toda mi joven vida...pensaba en el día que dejé mi pueblo, mi familia, mis amigos, y todo lo de mi alrededor para venir aquí, a este apestoso y caótico barrio...para poder estar más cerca de esa deseosa y odiosa amante que es la cocaína. El día que me atrapó completamente no lo recuerdo, nunca pensé en acabar aquí...pero aquí me encuentro. La pregunta que me hago todas las noches, y a la que no encuentro respuesta es ¿Podré salir de aquí? Entre tantos pensamientos me quedé dormido.

Sentí un golpe en la cara que me despertó. Abrí los ojos, y vi un puño darme otro golpe. Me incorporé y vi que era el idiota al que le partí un cenicero en la boca. Cogí un cuchillo que tenía a mano e intenté pincharle en el estómago. Retrocedió un par de pasos, y aproveché para ponerme de pie. Él saco una navaja e intentó cortarme, pero lo esquivé por suerte. Se notaba el odio en sus ojos...y en su boca.

-Lárgate de aquí- le dije- o acabarás muy mal...te lo aseguro.

A lo que me contestó con una carcajada y diciéndome:

-Estás muerto cabrón, te vas a arrepentir de haberme reventado la boca con el cenicero.

Me lanzó otra cuchillada, y con mi brazo izquierdo aparté su mano y le clavé mi cuchillo en su estómago. Su cara en ese momento estaba descompuesta de dolor...nunca la olvidaré.

Soltó la navaja, se tocó la sangrante herida, y retrocedió lentamente mientras miraba la sangre salir de su interior y junto a ella sus fuerzas. Alzó la cabeza para mirarme a los ojos, y terminó por desplomarse.

Le dije que se lo había advertido. Estaba tembloroso y cada vez más pálido. Parecía que quisiera decirme algo, pero en apenas un minuto, expiró su último aliento.

Dejé el cuchillo sobre la mesa, saqué el cadáver fuera, y lo dejé entre unos matorrales tras mi chabola. Me lavé las manos, y a continuación el cuchillo. Estaba bastante nervioso, por suerte me quedaba una fumada de la noche anterior. Me la fumé...pero el nerviosismo no cesaba.

Realmente no tenía de que preocuparme, él no tenía familia...nadie le echaría en falta, y dudo que alguien lo fuera a buscar...eso me recordó que si me pasara algo a mí, nadie me buscaría...ni mi familia, ni mis amigos, nadie se preocuparía por mí...porque nadie sabe dónde estoy. También pensé que cualquiera de estos días podría ser yo quien estuviera entre los matorrales muerto. Por primera vez en bastante tiempo, quería de verdad salir de aquí...pero cómo.

Mi cuerpo empezó a pedirme algo para calmarlo. Después de esta angustiosa noche, y de haberle quitado la vida a otra persona para defender la mía, comencé con mi monótona vida.

Caminé hasta el centro de la ciudad, a una zona en la que se reunían algunos chavales de familias adineradas. Siempre que caminaba por las calles, la gente de mí alrededor me miraba con cara de desprecio y miedo, cosa que no me extrañaba. Cuando empiezas a vivir del modo que yo lo hacía, comienzas a despreocuparte de cosas que a cualquiera le pueden parecer de lo más normal, cosas como la higiene y la apariencia, comer bien todos los días, beber bastante agua, y muchas otras cosas. Desde que estás real y totalmente enganchado, sólo te preocupa una cosa...poder comprar todos los días ese atrayente polvo blanco. Para ello se hace lo que sea necesario, desde robar a viejas indefensas, a quitarles todo lo que tienen en los bolsillos los niñatos a los que los padres les compran todo lo que piden...da igual, lo que sea con tal de conseguir dinero para calmar los nervios que recorren el cuerpo cuando el mono se empieza a despertar.

Caminando a paso ligero llegué a la zona de reunión de los chavalitos; hacía cuatro meses que no pasaba por aquí. Observé a quienes estaban por los alrededores y me centré en un grupito de cuatro niños. Me acerqué con la navaja en la mano, y sin decir nada, les metí la mano que me quedaba libre en sus bolsillos y saqué todo lo que tenían; algo de dinero, unos móviles y unas cadenas de oro. Estaban literalmente temblando de miedo. Sin decir nada me fui de allí rápidamente, y volví al barrio a cambiar todo lo que conseguí por coca; el dinero lo guardaría para más tarde.

No tardé mucho en volver al barrio...ni en cambiar los móviles y el oro, por los que me dieron cuatro gramos. Me encerré en mi chabola, cociné un gramo y me lo fumé bastante rápido.

Se me ocurrió pasarme por casa de un coleguita del barrio al que llaman Navaja, y que siempre disponía de alguna chavalita que me pudiera dar placer a cambio de algo de polvo.

Fui a casa de mi coleguita, la cual no está muy lejos de mi chabola. Al llegar llamé a la puerta y escuché al Navaja preguntar:

-¿Quién es?

-¡Yo, abre la puerta!

A los pocos segundos me abrió la puerta y pasé. La pequeña casa seguía igual que siempre, dos sofás, una mesa, y los utensilios para cocinar la coca junto a las botellas para fumar.

Sentados en el sofá se encontraban un hombre al que nunca había visto antes, y la Niña, una joven asidua al barrio por el gran enganche que tenía a la cocaína y heroína; le decimos la Niña por su corta edad, diecisiete años.

El Navaja se sentó en una punta, y yo entre él y la niña. Saqué un medio, y le pedí una cuchara al Navaja; preparé la base y fumé una calada junto a mi coleguita. Lo que tenía pensado era fumar, beber algo y follarme a la niña...o al menos que me la chupase como otras tantas veces.

Invité al Navaja y a la niña a una calada...al otro no, no lo conocía de nada. El desconocido también le dio una a cada uno y se fumó la otra; acto seguido el Navaja le dijo a la niña:

-Venga, métete debajo de la mesa a trabajar.

La Niña se arrodilló y se puso bajo la mesa que estaba tapada por un gran mantel. Yo ya sabía que ocurriría a continuación. Cuando la Niña pasa a estar debajo de la mesa, es para darle un repaso a todos los que están sentados en torno a ella. Sé que puede parecer algo asqueroso y denigrante para ella, pero a mí me importa una mierda, y a ella también con tal de poder drogarse. Haría eso y mucho más. Los tres disfrutamos del trabajito de la Niña, y se lo agradecimos volviéndola a invitar.

Pasamos un rato charlando, fumando y disfrutando del magnífico don de la Niña para esos trabajos bajos.

El tipo desconocido era abogado...quién lo pensaría viéndolo aquí, aunque no era el único que conocí en el barrio...he conocido desde yonquis, camellos, y putas, hasta abogados, policías, dentistas, y médicos, sin contar otro gran abanico de oficios que pasaban por el barrio...así me di cuenta que no te puedes fiar de las apariencias...aunque a veces es mejor hacerlo.

Después de estar fumando junto a la Niña, el Navaja, y el abogado, decidí comprar más y volver a mi chabola...aún tenía que enterrar al bastardo que intentó matarme.

Compré un gramo más, y fui directo a mi hogar...el mío y el de decenas de insectos y pequeños roedores. Antes de enterrar al despojo humano que yacía tras mi chabola, me fumaría una buena calada; tras esa calada, cogí la pala que guardaba bajo la cama, y salí.

Arrastré el cadáver unos cuantos metros más al fondo y cavé una pequeña zanja, justo para que cupiese; lo tiré dentro y lo enterré. Este esfuerzo me dejó bastante cansado, así que volví al interior de la pequeña chabola. Una vez dentro, preparé un poco más de base, me la fumé, e intenté dormir un poco y dejar el día atrás.

Cuando desperté, me puse a pensar en el sueño que acababa de soñar...mientras me preparaba una fumada, por supuesto. Soñé con mi amiga de la infancia, pero porqué con ella; éramos como hermanos, hasta que me fui de mi pequeño pueblo sin avisar a nadie. Con ella me fumé mi primer porro...aunque ella nunca pasó de ahí. Yo poco después probé la cocaína, y tras varios fines de semana consumiendo, llegó el día en el que no podía salir de fiesta sin esnifar ese amargo polvo. Aún recuerdo cuando decía que no pasaba nada, que sólo era para divertirme...y cuántas mañanas me desperté con mi cara sobre la almohada encharcada en sangre que salía por mi nariz. Mi amiga siempre odió la cocaína, aunque nunca supo que yo consumía. Quizá por eso sueño con ella, con su voz pidiéndome que salga de aquí, de este asqueroso mundo de muertos en vida. Tras unas cuantas fumadas y un momento de recuerdos nostálgicos, debía salir a buscar algo para comer, y comprar algo más de coca; aún me quedaban algunos euros de los niños pijos.

Compré un bocadillo de mortadela, y cuando iba a comprar medio gramo, me encontré con un par de chavales que nunca antes vi por aquí; un gordo y un delgaducho. Se veía que estaban buscando algo con lo que colocarse. Me acerqué, y les pregunté:

-¿Queréis algo de coca buena?

-Sí- respondió uno de ellos- Estábamos buscando a nuestro tío que vive por aquí, pero no está en casa.

A mí me importa una mierda sus historias y quién fuera su tío. A ver si logro sacarles algo.

-Vale, ¿Cuánto queréis?

-Un pollo. Cincuenta euros, ¿no?

-Sí, trae el dinero y esperad aquí, volveré en un par de minutos.

Los chavales se miraron y probablemente pensaron, ¿Nos fiamos? Uno de ellos sacó un billete y me lo dio. Rápidamente me acerqué un par de calles más arriba y compré algo de corte, que era básicamente laxante; también compré un gramo para mí. Volví y les di una bolsita con un gramo de corte, que se vendía muy barato...eso les pasa por fiarse de mí sin conocerme de nada. Me despedí de ellos y me fui a pillar un poco de heroína para mezclarla con algo de base y fumármela en un trocito de papel de plata. Deseoso de fumar el "rebujao", que es como se le llama a esta mezcla, no tarde mucho en llegar a mi triste chabola.

Repetí la monótona tarea de transformar la coca en base, y en un rectángulo de papel de plata puse un poco de base y heroína, quemé la parte de abajo, y mientras esa oscura gota iba recorriendo todo el papel, yo aspiraba el humo que desprendía con la ayuda de un tubito; tras darle un par de fumada más, me tumbé y comencé de nuevo a tener pensamientos nostálgicos de mi añorada amiga. También pensé en las ganas de salir de aquí, y en cómo podía mi enganche a la droga controlarme como a una marioneta.

En lo más profundo de mi ser, quería salir de este maldito mundo, y tener una vida normal; amigos, una casa, un trabajo, una familia, una tele, un coche...lo que se supone que es una vida normal...especialmente ser libre, no estar encadenado a una malévola sustancia que no hacía otra cosa que destruirme...pero no consigo evitar las ganas de fumar, y pienso que viviendo aquí jamás lo conseguiré. Volví a hacerme la pregunta que tantas veces me hice... ¿Podré salir de aquí?...eso espero. Me preparé otra calada, y cuando estaba fumándomela, un colega entró en mi chabola. Era un colega de un pueblo cercano a la ciudad, que venía habitualmente aquí a fumar, y siempre me invitaba.

-¡Coño, tío, ¿Qué haces aquí?!- le pregunté a mi colega.

-Pues a pasar un rato aquí contigo. Toma- me dijo dándome un billete de cincuenta euros- tráete un buen gramo.

Cogí el dinero, y salí en busca del gramo. Me acerqué a la casa donde compraba la mayoría de las veces, y a la que llevaba algo de clientela que me encontraba por el barrio. Mientras caminaba hacia la casa, me topé con una mujer del barrio, amiga mía, y también enganchada...mayormente a la heroína inyectada. La saludé, y la invité a pasar un rato en mi chabola. Me dijo que iba a comprar algo de caballo, y se pasaría por allí; yo continué mi camino. Compré el gramo de coca, y volví escopetado para fumar con mi colega.

-¡Ya estoy aquí!- exclamé.

-Bien, trae la coca, yo la cocino.

Se la di, y en apenas un par de minutos ya estábamos cargando las botellas para fumar. Justo cuando terminamos de fumárnosla, entró mi amiga del barrio. Muchas tardes las pasaba con ella, aunque no me gustaba nada que se chutara...la dejaba como una mierda. Mi colega y yo la saludamos, y ella se sentó a mi lado.

-Voy a prepararme un chute- dijo ella- no aguanto más, y llevo desde la mañana sin meterme nada en el cuerpo.

-Nosotros preparemos otra fumada- dijo mi colega.

Volcamos un poco más de base en la botella, y nos la fumamos. Mientras, mi amiga del barrio preparaba la heroína en la cuchara para inyectársela; se rodeó el brazo con una cuerda elástica, y se la inyectó. Cayó hacia atrás sin apenas darle tiempo a sacarse la jeringuilla. Le había pasado muchas veces, y casi siempre estaba yo al lado de ella...le saqué la aguja, y apreté con un papel en la herida que le provocó; al poco tiempo volvió a incorporarse.

-¡Uff!- exclamó ella- cómo me ha subido.

-Cualquier día...no te levantarás más- le dije a mi amiga- y lo malo es que seguro estoy a tu lado.

-Joder tío- replicó ella- no digas eso.

-Toma- le dije ofreciéndole mi botella- fuma un poco.

-Gracias.

Mi colega cargó su botella también, y fumaron una calada de base, mientras yo le daba otra fumada a la plata. Comenzó a anochecer, y el calor empezaba a darle paso al frío nocturno.

-Que bien que llega el fresquito- comentó mi amiga.

-Sí- dije yo- este calor es inhumano.

-Bueno- dijo mi colega- ya que ha oscurecido, voy a ir tirando para casa.

-Venga, nos vemos- le dijimos ambos al unísono.

Ya estando los dos solos, preparé un par de fumadas más, y aspiramos el humo de las botellas como si no hubiéramos fumado en días.

-Voy a por medio gramos más- le dije a mi amiga.

-Vale, te espero aquí.

-Compraré también un par de bocadillos.

-No tengo mucha hambre, pero vale.

Salí de mi chabola rumbo a casa del camello. De camino a ella, pensé sobre lo duro que sería estar enganchado a la heroína también...menos mal que nunca la he querido probar intravenosa...si la cocaína base me crea un mono por el cual sería capaz de cualquier cosa con tal de calmarlo... ¿Qué haría si estuviera así? Cada segundo que pasa, hay una parte de mi cerebro que me grita ¡Huye!...pero la parte que está total y completamente enganchada a esta mierda, que es la mayor, hace que la otra huya. Es como el ángel y el demonio que metafóricamente están en nuestros hombros, no pueden convivir juntos, y uno de ellos debe morir, sólo espero que el ángel no acabe por suicidarse.

Compré el medio gramo, y me dirigí a la tienda a por un par de bocadillos de mortadela; también compré un batido de chocolate y un rollo de papel de plata con el dinero que me sobró.

Caminé hacia mi chabola, y al entrar vi a mi amiga del barrio tumbada, y con la jeringuilla clavada al brazo. Me acerqué para quitársela y me dijo:

-¡No me pegues por favor!

Me quedé asombrado con esa frase…jamás le puse una mano encima.

-¿¡Qué!? No te voy a hacer nada, soy yo.

-¡Llévatelo todo, no me pegues!

-Pero qué dices, ¡estás delirando!

En ese instante comenzó a bajar el tono de su voz, y los labios y uñas iban pasando a un tono azulado. Me di cuenta que le estaba dando una sobredosis, y no podía dejar que se durmiese. La abofeteé en la cara para que reaccionase…pero era inútil. Sus brazos y una de sus piernas comenzaron a sufrir espasmos…todo iba a peor. No paraba de preguntarme qué debería hacer, me estaba quedando paralizado al verla así…finalmente se quedó inmóvil. Le tomé el pulso, y era casi inexistente…poco tiempo después, su corazón dejo de latir. Me senté a su lado, la miré, y lo único que se me pasó por la cabeza fue pegarme una fumada bien grande. Parecía que mi mente trataba de huir de la realidad. Preparé la cocaína, me fumé dos caladas seguidas, y tras estar tumbado unos minutos, decidí sacar el cadáver de mi amiga fuera de mi chabola…no podía dejarlo aquí, ni llamar a nadie…mañana lo encontrará alguien.

Saqué el cadáver de mi amiga, y lo arrastré, sin que me viera nadie, a un muro cercano; deje la jeringuilla junto a la cuchara, y me volví a mi chabola. Allí me tumbé en la cama, intenté dormir, pero me era imposible. Debía salir de aquí…pero ¿cómo? Tras varias horas de tortura mental, logré quedarme dormido.

Desperté por un alboroto que provenía de fuera. Me levanté, y me asomé...estaba la policía; no había duda de porqué estaban allí. Salí de mi chabola, e intenté pasar desapercibido entre las personas. Observé el cadáver de mi amiga dentro de una bolsa de plástico negra, y antes de que hicieran alguna pregunta, decidí salir del barrio, y buscar algo de pasta para pasar el día.

La mañana estaba siendo muy calurosa, y empeoraba con el paso del tiempo. Mientras caminaba por la ciudad, pensaba en mi amiga del barrio...sentía algo parecido a los remordimientos, no porque fuera mi culpa, si no por no haber hecho nada...aunque ¿Qué podría haber hecho yo? También se paseaba por mi mente la posibilidad de que fuera yo quien estuviese tirado en un descampado entre los matojos...ella se chutaba, además de consumir lo mismo que yo, pero eso sólo significaba que mi sufrimiento sería más largo...igualmente acabaría en una bolsa de plástico negra. Jamás podré olvidar la imagen de su cuerpo en el suelo, la jeringuilla clavada, su cara azulada, y todos los momentos que pasamos juntos. Por primera vez creo tener fuerzas para intentar dejar este oscuro, caótico, y nauseabundo mundo. Caminando sin rumbo pensaba en cuál sería el primer paso para salir de aquí. Sin una mínima estabilidad no sería capaz.

Callejeando acabé en una calle en la que sólo se veía una chica de espaldas dirigiéndose a un bloque de pisos. Me puse la capucha de mi sudadera, saqué la navaja de mi sucio pantalón, y me acerqué a ella; llegué justo cuando abrió la puerta. La agarré por detrás, la empujé dentro del bloque de pisos, y la apunté con mi navaja. Ella se dio la vuelta, y quedé estupefacto al ver su rostro...era mi amiga de la infancia.

El tiempo se detuvo, o eso me pareció a mí al pasar tantas cosas por mi mente...tantos momentos felices, momentos en los que disfrutábamos sólo con la compañía, grandes momentos de risas y diversión, y todo ello sin tener que estar abrazado a la odiosa amante que es la cocaína. También sentí una vergüenza descomunal porque me viera así...

Su rostro también estaba paralizado... ¿Qué se le estará pasando por la cabeza? El tiempo comenzó a trascurrir de nuevo al escuchar su inolvidable voz decirme:

-¿Eres tú?

Al escucharla, y no sé por qué, salí corriendo sin mirar atrás; no paré hasta estar unas calles más lejos. Me empecé a hacer diversas preguntas:

¿Qué pensará de mí? ¿La volvería a ver? ¿Querrá verme? ¿Por qué me fui de ahí, si estoy deseoso de hablar con ella? No sabía qué hacer, así que me senté en la acera, puse mis manos en mi cara, y me quedé pensando qué hacer. Por primera vez en mucho tiempo, no sentía la necesidad de fumar base, otras sensaciones recorrían mi cuerpo. La vergüenza de que me vieran así, la tristeza de estar como estoy, y la impotencia de no saber qué hacer en esta situación. Noté a alguien agacharse frente a mí. Levanté la mirada, y ahí estaba...Lara. Mirándome con sus grandes y preciosos ojos verdes, y con su larga melena morena ondeando al viento, me dijo mientras me abrazaba:

-Sabía que eras tú.

-Lara- le dije con voz temblorosa- ...no sé qué decir.

-Pues yo tengo tantas preguntas que hacerte...empezando por dónde has estado. Hace muchísimo que desapareciste.

-Ya me ves, la cocaína me ha consumido como el fuego al papel.

-Y... ¿Dónde vives?

-En una chabola que está en un barrio lleno de drogadictos y camellos...no es muy aconsejable vivir ahí.

Se notaba el asombro en su cara mientras una lágrima descendía por su rostro.

-No llores- le dije- no merece la pena hacerlo por mí, yo solo me metí aquí.

-¿Cómo dices eso? Me entristece verte así. Hemos crecido juntos, toda nuestra infancia y parte de nuestra adolescencia. Me he preguntado todo este tiempo si estarías bien o no.

-Bueno, digamos que he estado sobreviviendo, y a la vez suicidándome lentamente con la cocaína.

-Vayamos a mi casa, te daré algo de ropa y tomaremos un café. Tienes mucho que contarme.

Acepté, aunque me costó decirle que sí...seguía estando avergonzado.

De camino a su casa charlábamos sobre la infancia, nuestras trastadas y todo lo que hacíamos por aquella época. Parecía mentira, pero ese rato lo pasé bien, y nuestra amistad parecía seguir exactamente igual que antes de mi marcha; tampoco me acordaba de la cocaína, sólo de los buenos momentos que pasamos juntos, Lara y yo. Por el camino también me habló acerca de lo que estuvo haciendo. Su padre le está pagando un piso y la universidad, junto a todos los gastos. Es su primer año, y seguro lo aprobará, siempre ha sido muy inteligente, y nunca le faltaron ganas de estudiar.

Entramos en el portal de su bloque, y subimos en ascensor hasta el piso cuarto; abrió su puerta y entramos. El piso era acogedor, con un par de habitaciones, el baño, y el salón junto a la cocina. Nos sentamos en el sofá, y ella se levantó y dijo:

-¡Ups! Los cafés, se me olvidaba hacerlos.

Se levantó y fue a la cocina a prepararlos. La situación parecía muy extraña, no recuerdo cuándo fue la última vez que quedé con alguien para tomar algo que no fuera una fumada. La verdad que se está bien aquí sentado, esperando un café de una antigua amiga...me gustaría tener más momentos como este, y no como los del barrio...no quiero esa vida, quiero ésta. Lara llegó sosteniendo una bandeja sobre la que llevaba dos tazas, una jarra con café, un azucarero, y un cartón de leche.

-¿Quieres leche, o solo?- me preguntó.

-Solo, y con dos cucharillas de azúcar.

Me lo sirvió y le di las gracias; ella vertió un poco de leche en el suyo.

-Bueno- dijo Lara- tienes mucho que contarme.

-¿Por dónde empezar?

-Qué tal por cuando decidiste marcharte del pueblo.

-Creo que es lo más lógico.

2. VOLVIÉNDOSE A CONOCER

-Recuerdas a Brian- le dije a Lara- el alumno de intercambio inglés.

-Sí, claro. Estaba en el instituto cuando teníamos quince años.

-Pues con él fue con el que esnifé mi primera raya de cocaína. Supongo que ahí comenzó esta pesadilla.

-¿Cuándo?

-En verano. Él me propuse comprar. Brian ya la había probado...y al final acepté.

-Nunca lo hubiera imaginado, Brian no parecía tomar nada.

-Las apariencias engañan.

-Ya veo. Continúa.

-Después de la primera vez, comenzamos a comprar todos los fines de semana un medio para los dos.

-¿Incluso cuando salíamos al chiringuito todos juntos?

-Sí, se convirtió en algo normal. Comprar un medio, el botellón, y algo de hachís. Por cierto, ¿Sigues fumando pitillos?

-Sí, tengo yerba, ¿Me hago uno?

-Vale, estaría bien.

-Espera, voy a la habitación a por yerba y papel.

Lara se levantó y fue a buscar la yerba para hacerse el pitillo. Mientras, me puse a pensar en aquellos momentos en los que sólo me metía un medio a medias en toda la semana, y ahora, que no puedo pasar un día sin meterme menos de un par de gramos.

Lara volvió con una cajita de madera.

-Ya estoy aquí- dijo mientras me pasaba la cajita- toma, hazlo tú, ahí está todo lo necesario.

Abrí la cajita, y cogí un poco de yerba, un cigarro, y un papel. Comencé a hacerme el pitillo, y Lara me pidió que continuara contándole cómo acabé en el maldito barrio de yonquis.

-Pues todo el verano lo pasamos igual. Cuando acabó, Brian volvió a su país...pero yo continué con el ritual de los fines de semana. Al no tener nadie con quien meterme la coca, empecé a esnifar el medio gramo yo solo.

-¿Mientras estábamos en el instituto también? Normal que tus notas fueran bajando.

-Bueno...eso fue cuando comencé a saltarme las clases e irme con otras personas, que lógicamente, también se metían coca. Recuerdo que algunas mañanas hacíamos botellón detrás el instituto, y comprábamos un gramo para pasar la mañana.

-Me dejas atónita. Yo pensaba que sólo fumabas porros. ¿Alguien de nuestro grupo lo sabía?

-No, nadie.

-¿No te dabas cuenta que te estabas enganchando?

-No, siempre pensaba que era únicamente por diversión, que nunca acabaría siendo un yonqui. Pensaba ¿Qué más dará? Tengo que aprovechar la vida al máximo nivel. Además, los demás con los que salía también lo hacían ¿Por qué yo no iba a hacerlo?

-¿Y por qué sí? No tenías que hacer lo mismo que los demás, yo no lo hacía. Siempre fuiste una gran persona, inteligente, una persona a la que no se le daba mal ninguna asignatura...no deberías haber cambiado tan radicalmente.

-Ya...ahora lo sé, pero en aquella época...tampoco me paraba a pensar en esas cosas.

-Si yo me hubiera dado cuenta, te hubiese intentado ayudar a que lo dejaras.

-Sí, el problema hubiera sido que yo por aquel entonces no quería dejarlo. Para mí era una diversión más, y que la gente con la que me empecé a juntar también la tomaba me parecía lo más normal del mundo... Es como si te hubiese intentado hacer dejar los botellones, no hubiera habido forma, si todas tus amigas lo hacían ¿Por qué tú no?

-Viéndolo desde ese punto de vista...es verdad que para que alguien deje cualquier adicción, primero ha de ser esa persona la que quiera dejarlo. Pero podrías haberme dicho algo, siempre fuiste mi mejor amigo, y yo la tuya.

-Para mí sigues siendo mi mejor amiga...o mejor dicho, la única. En un barrio como en el que vivo no es fácil tener amigos, y la única a la que podía llamar así, ya no está entre nosotros...aunque ese es otro tema.

-Yo siempre seré tu amiga.

-Y yo el tuyo, no lo dudes.

-Bueno, continúa contándome cómo acabaste en ese barrio.

Le pasé el pitillo y continué.

-Pues ese curso marchó igual, saltándome las clases, esnifando cada vez más, y bebiendo mucho alcohol también. Cuando llegó el verano, comencé a salir casi todos los días, y metiéndome cada vez más cocaína. Como mis notas no fueron lo esperado por mis padres, no me daban mucho dinero para salir, pero mi cuerpo y mi mente me pedían salir, esnifar, y beber...así que lo único que me quedaba era robar para poder sacarme algo de pasta. Empecé a venir a la ciudad a pegar tirones a las viejas, y poco después comencé a vender coca y hachís.

-Sí, recuerdo que tenías algo de goma para vender, pero de la coca no sabía nada.

-Claro, sólo lo sabían quienes consumían. El problema de vender coca fue, que poco a poco fui esnifando más y más, hasta el punto de meterme más de lo que vendía, y claro, llegaron las deudas...y no es muy aconsejable deber algo a las personas que me daban la coca. ¿Recuerdas la semana que me fui de viaje antes de empezar el curso?

-Sí, tus padres se pillaron un mosqueo porque te fuiste y no les avisaste hasta el día siguiente.

-Pues para pagar parte de la deuda, fui en un coche junto a otra persona con tres kilos y medio de cocaína, hasta llegar a un pueblo a quinientos kilómetros de aquí.

-¿Y si te hubieran cogido?

-Si no hubiese ido...mejor no pensar en lo que me hubieran hecho. Tenía que saldar mi deuda.

-¿Fue todo bien?

-Sí, no encontramos ningún control, y llevamos todo al comprador. También pude saldar la mayor parte de la deuda, y el resto con lo que sacaba vendiendo...aunque algunos días me comía más de lo que soltaba.

-Voy a tomar otro café ¿Quieres otro?

-Sí, gracias.

Lara me sirvió el café, y cogió la cajita de madera para liarse otro pitillo; yo continué contándole la historia de cómo fui adentrándome en esta pesadilla.

-Poco a poco, y sin darme cuenta, me fui enganchando más y más, hasta que un día que fui al barrio a pillar, entré en la chabola de un colega que era aguador, el encargado de avisar cuando llega la policía. Él fumaba la cocaína cocinada, es decir, base.

-¿Base?

-Sí, se mezcla con amoníaco y se hierve en una cuchara. Es mucho más adictivo, pero también sube más. Yo nunca lo había probado, siempre me bastó con esnifarla, aunque en el barrio vi muchas veces cómo hacían la base y cómo la fumaban.

-¿Ese día la probaste?

-Efectivamente. Esnifé un par de rayas, y mi cuerpo parecía no estar saciado, así que decidí probarla. Le dije a mi colega que quería probarla. Le di medio gramo para que lo cocinara, y me fijé mejor que nunca en cómo lo hacía. Echó un poco de ceniza en la boca de la botella, que estaba tapada con un poco de papel de plata agujereado, y encima puso un poco del polvo blanco resultante. Me pasó la botella y empecé a fumar. Lo que sentí tras aquella primera calada fue como si me quedara solo en el mundo, escuchaba a los demás como si estuvieran muy lejos, nada me importaba...me gustó aquella sensación.

Lara me pasó el pitillo, y me fijé en su cara, en cómo se iba entristeciendo a la vez que le contaba mi entrada en la pesadilla.

-Realmente no sé qué decir- comentó Lara- sigo pensando que debería haberme dado cuenta y haberte ayudado.

-Tú no tienes la culpa, eso está seguro. La culpa sólo puede ser mía.

-Ahora que me pongo a pensar, sí que se te notaba más delgado, y más preocupado por otras cosas.

-Sí, me estaba obsesionando y enganchando a la cocaína, y desde que probé la base...todo fue a peor. Al cabo de unos meses la necesitaba a diario. No podía pasar ni un día sin fumar alguna calada de ese dulce, pero amargo humo. En ese momento no me di cuenta, pero estaba total y completamente enganchado a la cocaína. Empecé a vender las pocas cosas que tenía, a cambiarlas por unos tristes gramos. Cada vez robaba más, y me encerraba completamente en mí. Ya no me importaba nadie, actuaba delante de los demás, pero mi único pensamiento era la cocaína. Los estudios ya ni existían, las peleas con mis padres aumentaron...parecía que ese no era mi sitio. Un día no pude más, cogí algo de ropa, un poco de comida, y les robé a mis padre el poco dinero que tenían...necesitaba salir de ahí.

En ese momento la tristeza se apoderó de mí. Unas lágrimas salieron de mis ojos cayendo lentamente por mi mejilla, me arrepentía profundamente de todo lo que le hice a mis padres, y es curioso cómo hasta hoy no me he dado cuenta de lo mal que me porté. Lara me secó las lágrimas, y me dijo:

-No te preocupes, tus padres aparentemente están bien.

-Sí, pero...cómo pude hacerles todo eso...y por dentro estarán rotos.

-La coca te ayudó, estoy segura.

-Sí, la verdad que no me daba cuenta del daño que les causaba.

-Seguro que tendrás tiempo de enmendar todos tus errores.

-Sí, eso espero...bueno, como te decía, cogí todo lo que pude y me fui al barrio. Me dirigí a casa de mi colega, y le conté que me había ido de casa. Me dijo que me podía quedar allí; aunque era bastante pequeña, sólo quería dormir.

-Recuerdo los primeros días cuando desapareciste, nadie sabía nada de ti...ni tus padres, o por lo menos eso decían.

-Estoy seguro que se imaginarían que me fui por la droga, tontos tampoco son, y en casa las cosas no iban nada bien.

-Esos días estuve muy triste, sin saber nada de ti, no sabía si estabas bien o no.

-Lo siento.

-Tranquilo, el saber que estás vivo me alegra muchísimo.

-Y yo me alegro de poder verte.

-¿Cómo te fueron los primeros días en el barrio?

-Teniendo en cuenta que sólo tenía una mochila con algo de ropa y comida, bien, aunque empecé a robar todos los días porque ya no me daban coca para vender, en el barrio ya había suficientes camellos. Una noche, a las dos o tres semanas de estar allí, volvía de robar a unos chavales cuando vi un grupo de gente cerca del descampado. Me acerqué al tumulto de gente, y vi a mi colega yaciendo en el suelo, ensangrentado y sin vida.

-Oh...supongo que te dolió ¿Qué hiciste?

-Pregunté qué había pasado, quién le hizo eso. Me respondieron que cuando llegaron vieron a un hombre corriendo con un puñal en la mano...lo habían apuñalado, el por qué nunca lo sabré. En el barrio la vida no vale mucho, pudo ser por cualquier motivo.

-¿Tan dura es la vida allí?

-No siempre, pero en algunas ocasiones debes dormir con los ojos abiertos.

-¿Qué pasó tras la muerte de tu colega?

-Esa noche compré dos gramos, y la pasé fumándomelos en su chabola, que ahora es la mía.

-¿Aún vives en esa chabola?

-Sí, me quedé ahí. Ya que él no volvería, decidí quedármela.

-No puedes seguir viviendo ahí.

-Pero… ¿Dónde voy a vivir?

-Aquí.

-¿Cómo? No, no puedo, no quiero incomodarte.

-No me incomodarás, te lo estoy pidiendo yo, ¿Acaso crees que voy a dormir tranquila sabiendo dónde estás? No pienso dejarte tirado. Sé que vales mucho.

Me emocioné al saber que aún le importaba a alguien, y tras pensarlo, le dije que sí.

-¡Estupendo!- exclamó Lara.

-Me vendrá bien para intentar dejar la cocaína…aunque no creo que resulte fácil.

-No, pero yo estaré aquí para ayudarte. Juntos saldremos de esto.

-Pero no quiero que sufras por mí.

-No sufriré por ti, lo haré contigo.

Seguí contándole cómo me fue en el barrio hasta el día de hoy. Le conté cómo maté a aquel tipo en defensa propia. Cómo vi morir a la única amiga que tenía allí. Cómo les robaba a los niñatos. Y todos mis recuerdos de ese lugar…todos mis tenebrosos recuerdos. Lara quedó impactada por la escabrosa historia.

-Joder- dijo Lara- tío…no me salen las palabras después de oír todo lo que has pasado.

-Sí, pero hace unas semanas que me estoy dando cuenta que todo, absolutamente todo, me lo busqué yo solo al entrar en este mundo, un mundo que nadie debería conocer tan de cerca.

-Pero te estás dando cuenta, eso es lo importante. Seguro que lograrás salir de la droga, y tendrás una vida feliz. Si crees que puedes, puedes.

Esa frase me caló hondo, y tiene mucho sentido, si creo que puedo conseguirlo, lo conseguiré. Ahora creo que puedo dejar la maldita coca con la ayuda de Lara.

-Sí. Creo que puedo...con tu ayuda será todo menos difícil.

-Seguro que lo conseguiremos. ¿Tienes que buscar algo del barrio para quedarte aquí?

-Supongo que la ropa, y una foto que tengo con mi amiga fallecida.

-Pues vamos a buscarlo todo.

-¿Quieres ir allí?

-No es que quiera ir, es que quiero acompañarte.

No me gustaba la idea de que Lara pisara ese nauseabundo barrio...aunque no permitiría que le pasara nada, antes mataría a quien quisiera hacerle daño.

-Está bien- le dije- vayamos y volvamos rápido, no quiero que estés mucho tiempo allí.

Ella cogió su bolso, y salimos de su piso rumbo al barrio. Me preguntó dónde estaba el barrio, y le respondí que un poco lejos, a unos treinta minutos andando. Me dijo que cogería el coche. Nos acercamos a un coche rojo y con pinta de nuevo, y me preguntó:

-¿Te gusta el coche?

-Sí, claro, parece nuevo.

-Lo es, mi padre me lo regaló cuando empecé a estudiar en la universidad.

Nos montamos en él, arrancó, y le fui indicando el camino hacia el barrio. Pensándolo mejor, no es mala idea ir en coche, así no la verán caminando junto a mí...eso seguro que la avergonzaría.

Cuando llegamos al barrio, le dije que aparcara al lado del descampado, junto a los contenedores; me bajé, y ella también. Preferí que me acompañara para no dejarla sola en medio de este imprevisible barrio.

-Tranquila, no voy a permitir que te pase nada- le dije al ver su cara algo atemorizada.

-Lo sé, confío en ti.

Caminamos hasta la chabola, y Lara no paraba de mirar a su alrededor, y con razón, no está acostumbrada a ver este barrio, ni a la gente que lo frecuenta y vive aquí. Entramos en la chabola, y Lara me dijo:

-Así que es aquí donde has estado todo este tiempo.

-Sí, esta es la chabola. Recojo la ropa y la foto, y nos vamos de aquí...no quiero estar mucho tiempo en este barrio.

A Lara la noté apenada, probablemente por estar viendo con sus propios ojos las condiciones en las que vivía. Recogí todo, lo metí en mi mochila, y dejé atrás la cuchara, la botella, y demás utensilios necesarios para un fumador de base. Tuve ganas de fumar al ver la botella...pero al ver a Lara junto a mí, recordé lo que realmente quería, salir de aquí.

Salimos de la chabola y fuimos al coche. Cuando llegamos yo esperé en la puerta del copiloto, y Lara fue a la del conductor. Cuando Lara llegó escuché una voz que me resultaba conocida decir:

-Te he estado cuidando el coche, dame tres eurillos.

Vi la cara de Lara, y estaba paralizada, sin saber qué hacer ni decir. Rápidamente me acerqué a ella, y vi a uno de los aguadores sentado en el suelo y apoyado en la puerta del coche.

-¡Eh!- le grité- quítate de ahí si no quieres que te reviente la puta boca de una patada.

-¿Viene contigo? No lo sabía. Perdona tío, ya me voy.

El aguador se fue y le dije a Lara:

-Tranquila, como te dije antes, no voy a permitir que te pase nada. Esto es algo normal con los coches que no conocen. Te los cuidan de ellos mismos, y si no le das algo, son capaces de tirarte un peñascazo en el cristal...o algo peor, según lo enmonado que esté el "cuidador".

-Me quedé paralizada...no sabía qué hacer.

-Normal. No estás acostumbrada a esto.

-Bueno, volvamos al piso y dejemos esto atrás.

Por el camino me di cuenta de que el olor de mi ropa no era muy agradable, debería lavarla...y yo también necesito una buena ducha. Cuando llegamos a su casa me enseñó la habitación en la que yo dormiría.

-¿Puedo ducharme?- le pregunté a Lara.

-Sí, claro, como si estuvieras en tu casa. Ven, te enseñaré dónde está todo.

Me dio una toalla del armarito del baño, y le di las gracias. Dejé correr el agua un poco hasta que se calentase. Hacía mucho tiempo que no me daba una ducha caliente en una bañera. Normalmente me aseaba un poco con agua fría y un barreño. Me desnudé y entré en la bañera. Al entrar sentí el agua caliente recorrer todo mi cuerpo mientras me imbuía una gran sensación de satisfacción y tranquilidad. Mientras me duchaba pensaba sobre si sería capaz de dejar la cocaína, empezar a vivir, y dejar de sobrevivir. Con la ayuda de Lara seguro que lo conseguiría...espero pasar este primer día sin coca lo más tranquilo posible. También pensé en todo lo que me gustaría conseguir en la vida; entre tanto pensamiento llevaba ya un buen rato en remojo.

Cuando terminé y salí del baño, vi que Lara había preparado pasta para almorzar. La verdad es que no sentía mucha hambre, pero intentaría comer algo por todas las molestias que le estaba causando a la buena de Lara.

-¿Ya terminaste?- me preguntó Lara- Siéntate, preparé macarrones con tomate y trocitos de salchicha.

-Qué bueno, tiene una pinta estupenda.

Nos sentamos y empezamos a comer.

-Entonces- dijo Lara- quieres dejar la coca.

-Sí, por supuesto, no quiero estar atado a esa amarga amante.

-Entonces necesitarás ayuda profesional.

-Sí, supongo que sí.

-Luego buscaré algo de información por internet.

-Bien. Por cierto, creo que necesitaré lavar la ropa...huele que apesta.

-Ahora la ponemos en la lavadora.

-Gracias.

-Deja de darme las gracias, lo hago porque quiero ayudarte.

-Aun así, si no fuera por ti...

-Pero aquí estoy, y como te dije, no te dejaré tirado.

-Y yo no te fallaré.

Lara sonrió, y a continuación yo también.

Continuamos comiendo, y al acabar le dije mientras recogía los platos:

-Yo friego.

-No, cómo vas a fregar tú.

-Es lo mínimos, tú hiciste la comida.

-Vale, voy a liar un pitillo mientras friegas los platos.

Lara cogió su cajita de madera, y yo empecé a fregar. Cuando acabé, metí la ropa en la lavadora, y le pedí que me ayudara a ponerla en marcha; Lara me pasó el pitillo, y la puso en marcha. Lo que quedó de tarde la pasamos hablando y recordando viejos tiempos. También decidimos ir al día siguiente al médico, para que nos informara de cómo podríamos buscar ayuda.

-Lara, ¿crees que debería avisar a mis padres, o mejor más adelante?

-Pues no sé, por un lado pienso que querrán saber de ti, y por otro creo que mejor que te vean un poco más rehabilitado.

-Creo que esperaré un poco antes de avisarles.

-Como tú quieras.

Nos fuimos a dormir, y cuando apagué la luz y me metí en la cama, sólo quería dormir, pero mi mente no me dejaba. Empezaron a entrarme unas ganas inaguantables de fumar una calada de base.

Intenté pararlas pensando que no podía fallar a Lara, que había encontrado lo que me faltaba para empezar mi camino a la felicidad...pero era inevitable...no paraba de sudar, y los retortijones eran cada vez más fuertes. Empecé a tener un solo pensamiento, cocaína.

Cuando no pude aguantar más, decidí salir sin hacer ruido, e ir al barrio a fumar algo de base. No pude aguantar ni un solo día sin fumar, y lo peor de todo es que fallé a Lara.

3. MALOS DÍAS

Cuando salí fuera, me di cuenta de que no tenía dinero para comprar un medio. Necesitaba algo de pasta antes de llegar al barrio. De camino me fui fijando en los coches por si alguien dejó algo de valor a la vista, siempre hay algún tonto que lo hace.

Los nervios me estaban empezando a controlar cuando vi una cartera en el asiento de un coche. No dudé, busqué algo con lo que partir el cristal. Cogí una piedra que estaba cerca, y golpeé con ella al cristal. Una vez roto, cogí la cartera y salí corriendo. Cuando ya estaba un poco alejado, miré cuánto dinero tenía...apenas veinte euros.

Llegué al barrio extasiado por comprar un medio de coca...bueno, mejor dicho veinte euros...aunque mejor que nada es. Llamé a la puerta de mi camello habitual, que seguro me haría el favor de dejarme el medio por veinte euros...pero la puerta no se abría; decidí probar en otra casa. Me acerqué a la calle de al lado, y piqué en la puerta de otro camello; éste sí abrió.

-Illo, hazme veinte euros de cruda- le dije refiriéndome a la coca normal.

-¿Veinte euros?

-Sí, ando algo corto, y es lo único que he podido conseguir. Venga, enróllate que nos conocemos.

-Está bien- dijo a regañadientes- espera.

El camello entró en su casa y cerró la puerta. La espera me parecía eterna, y los nervios recorrían mi cuerpo...el sudor que caía por mi sien dejaba constancia de ello, por suerte tardó poco en volver a abrir; me dio lo mío, y me fui enflechado hacia mi chabola.

Allí cogí la cuchara que no pensaba usar más...que iluso fui. Preparé una vez más la coca para fumármela, y disfruté de ese placer que me hacía sufrir tanto.

La primera calada me dejó como hacía mucho, como cuando empecé con la base...debe de ser de no haber fumado en todo el día. Me quedé unos minutos tumbado en la cama, y me preparé otra calada.

Poco a poco, mientras la base iba haciendo su efecto, empecé a arrepentirme de lo que acaba de hacer...fallarle a Lara, caer en menos de veinticuatro horas...maldito sea mi enganche.

Fumé una vez más, y de mi cabeza no salía la imagen de Lara. Todo lo que hizo por mí hoy... ¿Por qué habré hecho esto? Si quiero salir de aquí ¿Por qué no puedo? Mi adicción es abismal. Está claro que necesito ayuda. Volví a fumar otra calada, y empezó a entrarme sueño y un poco de hambre...aunque no tenía nada para comer; decidí tumbarme en la cama. En ella empecé a pensar en qué debería hacer, si volver a casa de Lara, u olvidarme del estúpido sueño que es ser libre.

No paraba de darle vueltas a la cabeza, lo que me impedía dormir. Me senté en la cama y preparé otra calada más...me estaba volviendo loco. El sol comenzó a salir iluminando todo, y me preparé la penúltima calada que me quedaba. Cuando me la estaba fumando, alguien apartó la cortina de mi chabola...era una pareja de policías. Dijeron mi nombre, y me preguntaron si era yo.

-Sí, ¿Qué pasa?- dije.

-Quedas detenido. Sal fuera y no intentes nada raro.

-¡¿Yo!?- pregunté extrañado.

-Sí, vamos, sal fuera.

No entendía nada, pero salí fuera. Uno de los policías me esposó mientras el otro me leía mis derechos. Pregunté por qué me detenían. Me informaron que por presunto asesinato. Me quedé patidifuso.

Caminamos hasta el furgón, y entré en la parte trasera. Allí me senté y no terminaba de creerme que estuviera en esa situación...si no hubiera ido al barrio, al menos no me hubieran detenido.

De camino a la comisaría me tranquilicé un poco, y pensé en que sólo podría ser por el imbécil del que me defendí...pero cómo se habrán enterado. No sabía que ocurriría a continuación, pero sabía que no sería nada bueno.

Sentí que el furgón paró, y escuché las puertas de delante cerrarse; al momento se abrieron las traseras y el sol me deslumbró. Me agarraron, me bajaron, y subimos las escaleras que daban a la entrada de la comisaría. Me llevaron a una sala en la que me quitaron las esposas, y me sentaron en una silla frente a una mesa. Al poco tiempo entraron un par de policías con una carpeta en la mano. Se sentaron al otro lado de la mesa y comenzaron a hablar conmigo.

-¿Sabes por qué estás aquí?- preguntó uno de ellos.

-Me dijeron que por presunto asesinato, pero yo no maté a nadie. Quiero un abogado.

-Su abogado de oficio está viniendo- dijo el otro policía- si quiere puede esperar a que esté presente en su interrogatorio.

-Sí, prefiero esperar, yo no maté a nadie.

Los policías se levantaron, y uno de ellos me pidió que lo

acompañara. Bajamos al sótano, y me metió en una celda vacía.

-Esperarás aquí hasta que llegue tu abogado y podamos continuar con el interrogatorio- me dijo el policía que me acompañó.

Aquí dentro sólo me queda mi propia compañía...y no sabía qué hacer. No podía decir que lo había matado por defenderme, eso les daría igual. Lo que no entiendo es que sin haber encontrado el cadáver me hayan detenido. Sólo queda la opción de que me hubieran visto, o que él hubiese dicho a alguien que venía a mi chabola. No podía entrar en la cárcel, allí no tendría control y acabaría fumando más base...y quién sabe a qué punto llegaría. Tengo que salir de esta. También pensé en Lara. Ella no sabía nada, espero que no le dé por ir al barrio a buscarme...podría pasarle cualquier cosa...si tuviera su teléfono la podría llamar.

Seguí dándole vueltas a mi cabeza mientras estaba tumbado en el camastro de la celda a la espera de mi abogado de oficio. Lo peor de todo es el desconocimiento de lo que iba a ocurrir. El no saber qué pasaría era la mayor tortura mental, junto a las inaguantables ganas de fumar base...me estaban consumiendo. Tras unas dos o tres horas llegó mi abogado y me subieron a la sala de interrogatorios. Allí, sentado junto a mi abogado y frente a dos policías, comenzó el interrogatorio.

Mi abogado tenía una carpeta con unos folios en los que ponían mis cargos y todo lo referente al caso. Mi abogado comenzó hablando:

-Leyendo los cargos de los que se acusa a mi defendido, y los motivos por los cuales ha sido detenido, no veo otra opción que la de ponerlo en libertad de inmediato.

Me quedé extrañado al oírle hablar así. Pensaba que ni siquiera intentaría nada, los de oficio no suelen implicarse mucho en los casos, según mis propias experiencias de cuando era menor de edad.

-El único motivo de su detención- continuó mi abogado- es el testimonio de una persona que asegura que el desaparecido le dijo que iría a la chabola de mi defendido a pedirle que le invitara a una calada de base, y recalco lo de desaparecido, no hay ninguna prueba, ni un indicio de la muerte del desaparecido. Deberían haberle tomado testimonio e iniciar la investigación pertinente. ¿Acaso el hecho de ser toxicómano y vivir en ese barrio les hace pensar que le quitó la vida?

Me quedé atónito ante las palabras de mi abogado. Empecé a pensar que podría salir de aquí rápido.

-Nosotros no hacemos ninguna detención por ser de una clase social u otra, sólo nos ceñimos a los hechos. En un barrio en el que se trafica con drogas y armas, en el que la prostitución es la forma de ganarse la vida de muchas mujeres allí, y es un hervidero de toxicómanos que roban y avisan de nuestra llegada al barrio, se puede dar cualquier caso, y la desaparición de una persona suele ser por su muerte, ya sea por sobredosis, o por una reyerta. El detenido debe testificar, y en cualquier caso podrá pasar aquí hasta setenta y dos horas como dictamina la ley. Por ello, comenzaremos con el interrogatorio.

Uno de los policías comenzó a preguntarme por aquel día, en concreto por dónde estuve aquel día a aquella hora.

-Estuve en mi chabola, solo, fumando.

-¿El desaparecido no fue a tu chabola a preguntarte si le invitabas a una calada?

-Sí, le invité a una y se fue.

-¿No lo vistes más?

-No, estuve solo, como ya le he dicho.

-¿No? ¿No volvió más tarde para pedirte otra más?

Cómo podía saber eso, es imposible que lo sepa, debe estar probando suerte por si caigo.

-Ya le he dicho que no.

-¿Y no viste a nadie hablando con él o te dijo a dónde iría?

Mi abogado, tras esa pregunta, dio un pequeño golpe en la mesa y dijo:

-Ya les ha dicho que no, que no lo vio más, ni sabe nada de él, no sigan insistiendo.

-Está bien- dijo el policía- por ahora queda finalizado este interrogatorio. Ahora pasarás al calabozo mientras seguimos con la investigación.

Todos se levantaron, y antes que los policías me bajaran a la celda, mi abogado me dijo:

-Pide que venga si van a hablar contigo. Tranquilo que yo te defenderé y saldrás de aquí pronto.

-Gracias.

Me bajaron a la húmeda celda, y me trajeron algo de comer, unos magníficos espaguetis sin sabor y apenas calientes...

Tras comer unas pocas pinchadas de espaguetis, me tumbé en el sucio camastro, y con el mono apoderándose más que nunca de mí, intenté pensar en otra cosa para desviar mi atención hacia la base. Pensé en el abogado, lo bien que se estaba portando y la suerte que he tenido de que me asignaran este. Jamás pensé que un abogado de oficio se involucrara tanto por alguien como yo. Eso me gustó, y me dio esperanzas para salir de aquí pronto. Lo único que podría delatarme es que encuentren el cuerpo enterrado pero...no creo que se pongan a cavar en el descampado, buscarán algún arma con sangre. Por suerte el arma está dónde no la encontrarán.

Intenté dormir un poco y pasar el mono lo mejor posible, ya que no tenía posibilidad alguna de fumar. Como otras veces que he pasado mono, no podía conciliar el sueño, sólo pensar y pensar. Afortunadamente estaba solo en la celda, no tenía que aguantar a nadie.

Cada vez estaba más cerca la noche, y la posibilidad de pasarla aquí crecía estrepitosamente. Hoy tendría que pasar la noche sin base...se la hubiera aguantado ayer...ahora no estaría en esta situación. Finalmente llegó la noche, me trajeron la cena, y comí un poco, aunque no me entraba nada. Bebí agua y seguí tumbado en el camastro.

El mono estaba consiguiendo que mi cuerpo entero pidiera base. Tenía temblores, sudaba mucho, y hasta sentía unos dolores por todo el cuerpo. Mi cabeza sólo me decía que tenía que fumar base...pero cómo, es imposible estando aquí retenido.

Tras pasar horas con unas exasperantes sensaciones en el cuerpo, una fatiga que me comía por dentro, y un mareo que impedía levantarme, amaneció. Trajeron el desayuno, el cual intenté tomarme, pero sólo logré beberme la taza de café insípido. Ya no sabía qué hacer, luchaba con todas mis fuerzas por no desear ese polvo blanco que tanto me atraía...pero el deseo persistía. Tras otras tantas horas abrazado por la soledad de mi celda en los calabozos, llegó un policía para subirme a la sala de interrogatorios. Subí con él, y me senté en el mismo sitio que ayer.

Pensé en lo que me dijo mi abogado ayer, que pidiera que él esté presente siempre que me interroguen. Al abrirse la puerta lo vi entrar junto a los dos policías de ayer. Me saludo diciendo buenos días, a lo que le respondí con la misma frase. Una vez que estaban todos sentados comenzó hablando mi abogado.

-¿La investigación que están llevando a cabo esclarece algún hecho de los que se le acusa a mi defendido?

-No- dijo uno de los policías- aun así no podemos dejarlo en libertad.

-¡Esto no se puede tolerar! Mi defendido está siendo privado de su libertad sin motivo alguno, no hay ni una sola prueba que lo implique en ningún hecho de los que se le acusa. Debe de quedar libre de inmediato, ya ha testificado, y si lo necesitan para algo más, búsquenlo, no creo que vaya a huir del país.

Los dos policías se miraron, se levantaron, y salieron de la sala mientras uno dijo:

-Esperad, tenemos que verificar unos datos.

Mi abogado me miró, y me dio una palmadita en la espalda a la vez que me dijo:

-Tranquilo, no pueden retenerte aquí mucho tiempo más, no tienen nada contra ti.

-Eso espero, poder salir de aquí, no soporto la estancia en este lugar.

-Tranquilo, que si no te sueltan hoy, lo harán mañana. Aunque no creo que pase de hoy. A mi parecer sólo deberían haberte tomado declaración.

Los dos policías volvieron y tomaron asiento.

-Vamos a ponerte en libertad, pero debes estar localizable. Toma- dijo pasándome unos folios y un bolígrafo- rellena estos impresos y fírmalos.

-Espera- dijo mi abogado- antes quiero revisarlos personalmente.

Mientras mi abogado revisaba los documentos, yo no veía la hora de salir de este lugar y pegarme una fumada como nunca antes. Cuando terminó de leerlos me dijo:

-Puedes firmarlos, son para que quede constancia de que has estado aquí, y que los datos que aportas como tu domicilio son correctos. Tampoco podrás salir de la ciudad por ahora.

-Vale, firmaré, tampoco tenía pensado ir muy lejos...

Yo en ese momento hubiera firmado lo que fuese con tal de poder salir y fumar base. Después de firmar todo, salimos de la habitación, y me devolvieron todas mis pertenencias...por fin libre...al menos de las dependencias policiales, seguía siendo preso del insaciable deseo de fumar cocaína base.

Volví rápidamente a mi chabola, pero no tenía nada para fumar, así que decidí ir a buscar algo. Cuando salía de mi chabola, un conocido del barrio iba a entrar.

-¡Eh, Qué pasa!- me dijo.

-Nada, voy a por algo para fumar, ¿tienes algo?

-Sí, un par de fumadas.

-Invítame a una, ayer dormí en una celda de la comisaría, y aún no he fumado.

-Claro, pásame una botella.

Le pasé una botella, y me echó una fumada. Mientras me la estaba fumando, empezó a hablarme de algo a lo que no estaba echando mucha cuenta hasta que escuché el nombre de Lara. Lo miré, y le dije que me repitiera eso último.

-Que la chica que vino preguntando por ti dijo llamarse Lara.

-¿Vino aquí? ¿Cuándo?

-Ayer, ¿Me estabas escuchando?

-No mucho la verdad, tenía un mono que no podía más con él.

-Te lo repito. Ayer vino preguntando por ti una chavala morena con unos grandes ojos verdes.

-¿No le pasaría nada?

-No, no te preocupes. Vino hasta la chabola, y al ver que no estabas preguntó a algunas personas de aquí por ti, a mí también me preguntó. Me dijo que es amiga tuya, que te buscaba, y que si te veía te avisara de que Lara quiere verte, que ya sabes dónde encontrarla.

Me quedé perplejo al saber que fue capaz de venir a buscarme aquí, sin importarle lo que le hubiera podido ocurrir. Debo ir a verla.

-Gracias por todo colega, tengo que irme.

-¿Y si vuelve que le digo?

-No volverá.

Salí lo más rápido que pude hacia su casa. No podía fallarle más, ella estaba haciendo todo esto por mí. Es una auténtica amiga. También tengo que recoger la foto de mi amiga del barrio, que está en casa de Lara...cómo pude olvidarla ayer.

Mientras caminaba lo más rápido que podía, empecé a pensar que quizá estuviera enfadada conmigo...eso no me lo perdonaría. Aunque pensándolo mejor, si ni quisiera verme, no hubiera ido al barrio a buscarme. Cuando llegué al portal de su piso, llamé al portero automático para que me abriera la puerta.

-¿Quién es?- preguntó ella con su dulce voz.

-Yo- le dije con voz avergonzada.

Se escuchó el pitido de apertura, y empujé la puerta para abrirla. Subí a su casa y, ya que la puerta estaba encajada, entré dentro. Al entrar la vi sentada en el sofá, con cara de decepción. Le dije que lo sentía, que el mono pudo conmigo.

-Tranquilo, no es tu culpa, la droga te hace hacer cosas como esas, pero tú tienes que controlarlas.

-Sí, llevas razón.

-Fui al barrio a buscarte, ¿Dónde estabas?

-Sí, un colega de allí me dijo que andabas buscándome. La policía me detuvo ayer por la mañana, y me soltaron hoy, hace un rato.

-¿Cómo?

-Por presunto asesinato.

-¿Presunto asesinato?

-Sí, por el tío que maté en defensa propia, aunque no dije que lo maté. Sólo que le invité, que se fue, y que no lo vi más.

-Entonces no tienen pruebas. ¿Por qué no dices que lo mataste en defensa propia?

-Ahora mismo sería condenarme. Si encuentran el cadáver no me quedaría otra, aunque de poco serviría, me condenarían igualmente.

-Tú no te preocupes. Todo saldrá bien.

-Eso espero.

-Cuéntame todo lo que hiciste allí.

Le conté lo ocurrido en la comisaría, el buen abogado que me asignaron, y los papeles que firmé.

-Pues tendremos que esperar por ahora. Ya es la hora de comer, voy a preparar algo.

-Bien, tengo hambre. Por cierto, gracias por todo, y ya sé que me dijiste que no te las diera…pero tengo que hacerlo. No te volveré a fallar.

Lara me lanzó una sonrisa, y siguió cocinando.

4. BUSCANDO AYUDA

Tras la magnífica comida preparada por Lara, nos sentamos a fumarnos un pitillo de yerba.

Lara cogió la cajita de madera, y comenzó a liarse uno a la vez que me preguntó:

-¿Te ha gustado la comida?

-Sí, claro.

Notaba a Lara algo inquieta, como queriendo contarme algo. Probablemente era algo relacionado con mi escapada o comportamiento. Mejor le pregunto yo.

-¿Te pasa algo?- le pregunté.

-No…bueno…estoy dolida por que te fuiste. Tienes que confiar en mí para todo.

-Normal…lo siento muchísimo, de verdad. No lo volveré a hacer.

-No pasa nada. Si tienes ganas de fumar, me avisas.

-Sí, te prometo que haré eso la próxima vez.

-Bueno, de mañana no pasa que vayamos al médico. Voy a coger cita por internet.

-Sí, a ver que ayuda puede ofrecerme.

-Supongo que te mandará al psiquiatra, o al psicólogo para que te evalúe y te ayude con la terapia. Te lo tienes que tomar en serio.

-Sí, te lo prometo. Esta vez no te voy a fallar.

-Yo comprendo que no debe ser fácil, pero no dudes, nunca dudes, habla conmigo antes de irte al barrio.

Yo no sabía qué más decir. Me sentía totalmente avergonzado; un silencio incómodo inundó el ambiente.

-Voy a liarme otro pitillo- dijo Lara rompiendo ese frío silencio.

-Vale- dije cabizbajo casi susurrando.

Mientras Lara se liaba el petardo, yo sólo pensaba en no volver a caer, en no volver a recurrir a ese atrayente polvo mortal...pero, ¿Y si sentía el deseo de fumar base? Sé que puedo hablar con Lara, aunque no estoy muy seguro de que ello vaya a ayudarme a luchar contra el deseo tan contundente de fumar ese polvo al que tanto odio y amo a la vez. Sólo estando en esa situación sabré como reaccionaré.

-Toma- dijo Lara pasándome el pitillo- y no te preocupes, no debe ser fácil dejar de consumir eso, no te atormentes por haber recaído. Seguro que esta vez lo consigues.

-Gracias por confiar en mi...a veces ni yo mismo confío.

-Pues yo sí confío en ti. Recuerda que si crees que puedes, puedes. Sé cómo eres realmente, lo que los demás ven es el envoltorio en el que te ha envuelto la cocaína, pero juntos lograremos liberarte de nuevo.

Las palabras de Lara reconfortaban a cualquiera. Debía creer en mí y en que puedo lograrlo.

-Gracias, Lara, de todo corazón. No recuerdo a nadie que haya confiado tanto en mí. Espero no fallarte, y haré todo lo posible por conseguirlo. A partir de ahora creeré más en mí.

-Sé que lo conseguirás, de eso no tengo la menor duda.

Después de fumarnos el pitillo, Lara se levantó del sofá y dijo:

-Vamos, levanta, iremos a comprarte algo de ropa nueva, esa que llevas está muy deteriorada.

-No quiero suponerte más gastos. Puedo aviarme con lo que tengo.

-No, no te preocupes por eso, además, así llevas algo nuevo al médico- me dijo con una cara sonriente a la que no me pude negar.

Ella cogió su bolso, y salimos del piso. Ya en la calle nos montamos en su coche, y pusimos rumbo al centro de la ciudad. De camino al centro, pasamos cerca del barrio, y no pude evitar que se me pasara por la cabeza las ganas de pegarme una fumada, pero no, a mi izquierda tengo a alguien que cree en mí de verdad, y no puedo volver a romper su confianza.

Llegamos al centro y aparcamos en unos aparcamientos cercanos a una gran calle llena de tiendas de todo tipo. Mientras caminábamos hacia la calle de las tiendas, notaba la mirada de las personas que nos rodeaban...estaba claro que me miraban a mí por mi aspecto, y se preguntarían qué hace un desecho social como yo junto a una chica tan bella como Lara. Quizá sea lo mejor comprarme ropa y cambiar mi aspecto. Primero entramos en una tienda en la que vendían principalmente camisas y pantalones.

-¿Ves algo que te guste?- me preguntó Lara.

Yo no tenía ni idea de qué elegir.

-Pues no sé ¿Tú qué crees que me quedaría bien?

Echó un vistazo rápido, y cogió unas cuantas camisetas y un par de pantalones.

-Esto está bien, vayamos a los probadores- dijo Lara.

Fuimos allí, y portando el montón de ropa para probarme, entré en uno de esos minúsculos probadores. Me quité mi deteriorada ropa, y me puse uno de los pantalones y una camiseta de las que me escogió Lara. Salí del probador para que Lara me diera su opinión. La expresión en la cara de Lara al verme parecía de asombro. ¿Tanto me cambiaba?

-Estás muy bien- dijo Lara.

-Gracias.

-Venga pruébate otro pantalón y otra camiseta.

Entré en el probador, y volví a cambiarme. Tras una hora de probarme ropa, fuimos al mostrador y Lara pagó. Realmente no me gustaba nada que Lara tuviera que pagarme todo...pero qué podía hacer. Salimos de la tienda, y Lara me preguntó si tenía hambre.

-No mucha- le respondí.

-Yo tengo un poco, entremos ahí a comprar una hamburguesa.

Entramos en la hamburguesería, y nos pusimos en la larga cola.

-¿Seguro que no quieres nada?- me preguntó Lara.

-No, gracias.

Yo me estaba empezando a agobiar por estar rodeado de tanta gente; tantas voces a la vez; chavales de un lado hacia otro; gente a mi espalda. El deseo amargo de consumir cocaína se cernía sobre mí. Con una voz consumida por la ansiedad le dije a Lara:

-Tengo que salir.

Salí del local apretando mi estómago con mis manos por la sensación tan agobiante que me recorría las entrañas. Lara vino tras de mí. Ya en la calle me senté en un banco, y Lara se sentó junto a mí y me preguntó qué me pasaba.

-No lo sé, me empecé a agobiar, y una mala sensación me recorrió por dentro. Debió de ser el estar rodeado de tanta gente desconocida, o no sé.

Aún estaba con los nervios recorriendo mis adentros, y por mi mente pasaba cada vez más el corruptible deseo de fumar base.

-Tranquilo- me dijo Lara mientras me abrazaba.

-Sí, eso intento, pero cada vez tengo más ganas de consumir.

-No, evítalo, piensa que no lo necesitas.

-Sí...eso intento, pero...puede conmigo.

-¿Vamos a fumarnos un pitillo al coche? Quizá te calme.

-Vale.

Caminamos hasta el aparcamiento, y fuimos a la plaza en la que se encontraba el coche de Lara.

-Ya estamos aquí- me dijo Lara- tú relájate y no pienses más que en no caer.

Lara se comenzó a liar el pitillo mientras no paraba de hablarme para intentar evadirme de mi pensamiento interior...la cocaína. La atracción que esto puede crear debe ser lo más parecido al canto de las sirenas de las antiguas historias y relatos de marineros. Es tan fuerte...pero no me puedo dejar vencer...Lara está dándolo todo por ayudarme...ni siquiera llegó a comprarse la hamburguesa...no puede ser.

-Lo siento- dije a Lara con voz de arrepentimiento.

-No tienes que disculparte- me dijo mientras soltaba una bocanada de humo y me pasaba el humeante pitillo.

-Bueno...al menos por la hamburguesa, tienes hambre y no pudiste comprártela por mi culpa.

-No pasa nada, y no es tu culpa.

Terminamos de fumarnos el pitillo mientras hablábamos de cómo intentar calmarme cuando se repita una situación como ésta. Salimos del coche y nos dirigimos a la calle de las tiendas de nuevo, no podía dejar a Lara sin hamburguesa. Al llegar a la puerta del local le dije a Lara:

-Yo mejor espero sentado en el banco.

-Vale, tardaré lo menos posible.

Lara entró, y en cuanto me quedé solo, no sé por qué, pero se me pasó por la cabeza irme al barrio...cada vez estaba peor, suerte que esta vez pude controlarme. Cuando quise darme cuenta, Lara estaba junto a mí.

-¡Oh!- dije asombrado- ni me di cuenta de que llegaste.

Soltó una leve carcajada y me dijo:

-Estabas enfrascado en tus pensamientos.

-Sí, y no eran muy buenos.

Le conté a Lara lo que se me pasó por la cabeza, y me dijo:

-Pero lo bueno es que aquí estás.

-Sí, pero...

Lara me puso la mano en la boca, terminó de tragar un bocado de hamburguesa, y dijo:

-Pero nada, seguro que es normal que se te pase eso por la cabeza, y no has hecho lo que pensaste, eso es lo que cuenta.

-Gracias por todas las palabras de apoyo.

-Te las mereces. Juntos lograremos hacerte salir de ese mundo, y jamás volverás a sentir esas ganas de consumir cocaína. Recuerda que si crees que puedes, puedes. Nunca pienses que no puedes dejarla, eso le dará fuerzas para vencerte.

-Eso espero. Creo que puedo dejarla, y la dejaré.

Lara terminó de comerse la hamburguesa, se levantó, y me dijo:

-Levanta, vamos a ver otras tiendas.

Después de esta pequeña charla con Lara, recuperé el ánimo. Fuimos a varias tiendas más, entre ellas una zapatería, en la que tras ver un centenar de zapatos, me compró un par, que según ella, quedaban muy bien con la ropa que compramos antes. También pasamos por un par de tiendas en las que vendían ropa para chicas, por las que Lara no se pudo resistir a entrar.

Tras toda la tarde de tiendas, a Lara se le ocurrió comprar una pizza para cenar. De vuelta al coche compró una familiar de barbacoa. Con la pizza caliente y emanando un atrayente aroma de ella, no tardamos mucho en montarnos en el coche y poner rumbo a casa.

Al llegar le dije a Lara:

-Yo preparo la bebida. ¿Qué quieres?

-Una cerveza.

Cogí dos cervezas bien frías y un par de vasos, y fui al salón.

-¡Qué buena pinta tiene!- exclamé al ver la pizza.

-¡Sí! Pilla un trozo- dijo Lara empujando la caja hacia mí.

-Toma la cerveza.

-Gracias.

Cogí un trozo, y no tardé mucho en devorarlo. El segundo ya me lo comí más tranquilo.

-Tenías hambre- comentó Lara.

-Sí, pero con estos dos trozos ya me estoy empezando a llenar.

-¡Come más!

-Sí- le dije a la vez que cogía un tercer pedazo.

Tras comernos tres porciones cada uno, dejamos lo que sobró en la nevera.

- ¡Uff! estoy llena- dijo Lara.

-Sí, yo también.

-Deberías haber comido más.

-Sí, pero no podía pegar un bocado más. El último trozo hasta me costó terminarlo.

-Bueno, vamos a liarnos un pitillo.

Cogió la cajita de madera, y me dio un cogollito de maría para que me liara uno; ella también cogió otro. Nos liamos uno cada uno, y charlamos un poco sobre todo el día y sobre la hora en la que iríamos al médico a la mañana siguiente. También me recordó que si sentía ganas de consumir cocaína, la avisara, fuera la hora que fuese. Cuando nos quedaba medio pitillo, Lara bostezó y me dijo:

-Yo estoy rendida, voy a ir ya a la cama, y termino de fumarme el pitillo viendo la tele allí.

-Vale, yo haré lo mismo.

Ella se fue a su habitación, y yo a la mía. Me metí en la cama, y cogí el mando de la tele para hacer un barrido por todos los canales mientras terminaba de fumarme el pitillo. Terminé de fumármelo, y deje un programa, con el volumen bajo, y programada para que se apagara en noventa minutos. Me giré y acomodé en la cama para intentar conciliar el sueño. Giré hacia un lado; luego volví otra vez a la posición inicial; vuelvo a girar; el calor aumenta; me destapo los pies. Tras noventa minutos la tele se apagó, y yo no podía estar más tiempo dentro de la cama. Decidí levantarme. Fui a la cocina, y por mi mente ya se escuchaba el canto de sirena de mi amarga amante, pero decidí pensar en otra cosa. Abrí la nevera, y vi la pizza que sobró. Calenté los dos trozos en el microondas, y me senté en el sofá a comérmelos.

Allí sentado, y masticando esa masa cubierta de pollo, salsa barbacoa, y especias, pensaba en lo que me dijo Lara antes de irnos a la cama. ¿La despertaba o no? Esa es la pregunta que se balancea en mi cabeza. La última vez me fui, y todo fue a peor…debería avisarla. Me acerqué a la puerta de su habitación. Levanté el puño para llamar a la puerta, pero no lo hice. Pensé en que debería intentar aguantar yo solo esta tortura interior. Volví al salón, y cogí el otro pedazo de pizza.

Los temblores y escalofríos comenzaron al sentarme en el sofá, el estómago empezó a revolverse, y hasta me notaba algo mareado. Parecía haber dos voces hablándome. Una me decía que me marchase al barrio; la otra que me quedase aquí y aguantase, sólo era el primer día. Decidí escuchar a la segunda y meterme en la cama. Aguantaré como sea hasta que se despierte Lara, y como ella dice, si crees que puedes, puedes, y yo creo que puedo por ella.

Me tapé con la sábana, me puse en posición fetal, y comencé a pensar en Lara y en no fallarle; en aguantar; en que lo más difícil es el primer paso y ya estaba dado. Cuando quise darme cuenta Lara estaba despertándome. Me había quedado dormido. Ni recuerdo el momento en que pasó; el haber pensado en Lara y en todo lo que está haciendo por mí, había ayudado, y por fin logré pasar una noche sin fumar base.

-Buenos días- me dijo Lara con una sonrisa que le recorría toda la cara.

-Buenos días Lara.

-¿Qué tal? ¿Quieres desayunar?

-No, gracias, aún no. Me quedé dormido muy tarde, ni recuerdo cuándo.

-Bueno, preparémonos para ir al centro de salud.

-Bien- le dije- me ducharé y vestiré.

-Vale, yo mientras desayunaré.

Cogí la ropa que me pondría, y fui al baño. Mientras me desnudaba para meterme en la ducha, comencé a sentir por dentro de mí un revoloteo que me pedía la fumada de base mañanera. Debía aguantar, lo peor fue la noche, ahora estando con Lara todo irá mucho mejor.

Me duché, me puse la ropa, un pantalón y una camiseta de las que me compró Lara, y salí del baño. Lara estaba sentada en el sofá frente a la mesa, comiéndose una tostada con mantequilla, y tomándose un café.

-Ya estoy listo- le dije.

-Vale, termino en un momentito. Y cuéntame ¿Cómo pasaste la noche?

Pensé si contarle o no lo ocurrido por la noche, y decidí contárselo.

-¡Oh! Muy bien por no haberte marchado- dijo Lara- pero no deberías haber dudado en despertarme, de verdad, si lo necesitas, hazlo.

-Gracias, si veo que no sé qué más hacer, te despertaré.

Hablar con Lara realmente me subía los ánimos. Salimos de casa rumbo al centro médico en su coche. Me encontraba nervioso por el tiempo que hacía que no iba a un centro de salud, pero debía superar lo que fuera.

Por el camino fuimos charlando sobre lo que me podrían decir allí. Lara que se percató de los nervios que inundaban mi cuerpo, intentaba calmarme diciéndome que todo iría bien. Escuchando la radio, y tras cruzar un mar de vehículos por las calles de la ciudad, llegamos al aparcamiento del centro de salud.

Bajamos del coche, y caminamos hacia la entrada. Al entrar todas las personas nos atravesaron con la mirada. Estaba casi lleno, y apenas quedaban tres asientos libres. Lara y yo nos sentamos juntos. Teníamos el número veinticuatro, e iba por el veintidós. Con suerte en veinte o treinta minutos habremos salido de aquí.

Había gente de todo tipo; ancianos solos; madres con sus hijos pequeños; adultos; y algún adolescente. Me resultó curioso que todos los que allí esperaban estaban con sus teléfonos móviles, a excepción de los ancianos. Tras unos minutos, una madre con su hija salieron de la consulta, y el marcador rojo que anunciaba los números, cambió a veintitrés. Un anciano se levantó, y entró en la consulta del médico.

-Ya queda poco- me dijo Lara en voz baja para no molestar a las otras personas.

-Sí, los siguientes seremos nosotros. Esperemos que no tarde mucho el anciano que acaba de entrar. Por cierto, ¿Cuándo empiezas las clases en la universidad?

-Pronto, la semana que viene.

No me gustaba la idea de quedarme solo en algún momento, podría recaer.

-Bueno, seguro que te irá muy bien- le dije sonriente.

-Con que vaya bien me conformo. Mira, ya salió el anciano.

-Sí, y ya cambió al número veinticuatro. Vayamos.

Nos levantamos, y pasamos a la consulta, la cual no era muy grande. Nos sentamos frente a la mesa del médico, y saludamos dando los buenos días.

-Buenas ¿Qué le ocurre?- preguntó el médico.

-Verá- respondió Lara- mi amigo tiene una adicción a la cocaína, y quiere dejarla. Quisiéramos saber si aquí podrían ayudarnos.

-Sí, puedo pedirles cita para que le vea el psicólogo.

-Vale, perfecto.

El médico imprimió un papel, y nos lo dio. Era la cita para asistir a la consulta del psicólogo en el edificio de salud mental.

-¿Necesitan algo más?- preguntó el médico.

-Sí- dije yo- por las noche no puedo dormir ¿Me puede recetar algo?

-Sí, te voy a recetar unas pastillas para que te ayuden a dormir.

-Gracias.

Nos dio la receta, nos despedimos de él, y salimos de la consulta.

-Vayamos a una farmacia a comprar las pastillas- dijo Lara.

-Vale, a ver si esta noche puedo dormir.

-Sí, seguro. En la receta pone que te tomes una por la noche.

Fuimos al coche, y con él a una farmacia que Lara decía conocer.

-¿Vienes o esperas aquí?- me preguntó.

-Te acompaño.

-Vale, vamos.

Nos bajamos del coche, y entramos en la farmacia. Nos acercamos al mostrador, y pedimos la vez. Había dos personas por delante de nosotros. Esperamos con paciencia a que llegara nuestro turno. A los dos o tres minutos de espera, entró un hombre con una bolsa en la mano, llegó hasta la cola, y preguntó quién era el último.

-Nosotros- dije yo.

Al momento de que se acercara, me percaté del intenso y fatigante olor a pescado que desprendía la bolsa que sujetaba ese hombre, y por la cara de Lara, ella también lo notó. Cada minuto que pasaba se hacía más inaguantable la espera, por suerte ya sólo quedaba una persona delante de nosotros. Seguimos esperando nuestro turno, evitando pensar en el fétido olor del pescado. Pasados unos minutos más, por fin llegó nuestro ansiado turno. Lara entregó la receta, y la dependienta nos trajo una caja de pastillas. Lara pagó, y nos marchamos dejando atrás ese vomitivo olor.

-¡Qué gusto salir de ahí!- exclamé yo.

-Sí, ese olor a pescado...me estaba empezando a entrar fatiga.

-Sí, yo igual.

Nos montamos en el coche, y volvimos al piso de Lara. Una vez en el piso, nos sentamos en el sofá, pusimos la televisión, y cogí el papel de la cita para el psicólogo. Lo miré por encima, y me fijé en que la cita era para dentro de una semana.

-¿Viste la fecha de la cita?- le pregunté a Lara.

-Oh, la semana que viene, menos mal que es un día antes de mi primer día en la universidad.

-Bien, no sé si podría ir solo.

-No te preocupes, yo no te dejaré solo.

Nos quedamos viendo la televisión hasta la hora de almorzar; ya sólo queda una semana para ver al psicólogo, que espero pueda ayudarme a superar esta maldita adicción.

5. PRIMERA SESIÓN

Había pasado una semana desde que fuimos al médico, y hoy teníamos que ir a salud mental, a la consulta del psicólogo.

Esta semana fue de las más duras que recuerdo a lo largo de mi corta vida. Cada día parecía un año; comía muy poco, los primeros cuatro días aun conseguí comer algo, pero estos últimos tres días no he podido tragar más que algunos yogures. Las fuerzas me van abandonando cada minuto que pasa, y los dolores de estómago con retortijones incorporados; los de cabeza que parecían pincharme con miles de agujas; y por todo el cuerpo en general que deseaba que lo desconectara para siempre. Todo iba en aumento, pero seguía adelante con la ayuda de Lara, y con un solo pensamiento, "Yo puedo". Aunque en algunos momentos del día me encontraba un poco mejor, la mayor parte del día era un suplicio constante. Suerte que Lara, en esos momentos del día en los que estaba más lúcido, me insistía para salir de casa y pasear. A decir verdad, han sido los únicos momentos buenos en esta agónica semana...suerte que Lara está ahí para darme las fuerzas que necesito para seguir aguantando en esta continua batalla.

Aún tumbado en la cama pienso en todo lo que me queda por delante, como se parezca en lo más mínimo a esta semana, lo voy a pasar muy mal. Ahora me ducharé, e intentaré comer algo, aunque no tenga ganas he de intentarlo.

Me levanté de la cama, y me comencé a vestir, ya que tenía la costumbre de dormir desnudo, en ese momento Lara entró.

-¡Huy! Perdona- dijo Lara cerrando la puerta tan rápido que pareció cortar el aire.

Probablemente se ruborizó, pero no pasa nada porque me haya visto así. Me vestí, y fui a la cocina; allí se encontraba Lara.

-Buenos días- le dije.

-Buenos días, y perdona por entrar sin llamar.

-No pasa nada, no te preocupes.

-¿Quieres desayunar?

-Mucha hambre no tengo, pero intentaré tomarme un café por lo menos.

Lara me lo sirvió, y me puso un plato con una tostada.

-Uff, no sé si podré comerme esto también- dije señalando la tostada.

-Inténtalo al menos. Llevas unos días en los que apenas comes nada.

-Sí, intentar lo intentaré.

-Voy a coger yerba para liarme un pitillo.

Yo asentí mientras le daba un mordisco a la tostada, y tras mucho masticar, y algún sorbo de café, logré tragármelo. Cada vez que mi boca saboreaba algo, unas arcadas subían desde mi estómago, pero debía comer. Seguí comiéndome la tostada y bebiéndome el café. Lara volvió con un pitillo hecho, y se sentó en el sofá.

-Vaya, que bien, te has comido casi toda la tostada.

-Sí, aunque ya no puedo más.

-Toma, enciéndetelo.

-Vale.

Cogí el pitillo y le di fuego. Estas primeras caladas después del desayuno me sientan como agua en el desierto. Fumé un poco más y se lo pasé a Lara.

-Toma, voy a ducharme.

-Vale, yo ya me duché antes.

Fui al baño, y tomé una ducha rápida. Cuando salí del baño, Lara se levantó del sofá y dijo:

-Vámonos, no vayamos a llegar tarde.

-Sí, ya estoy listo.

Aunque en mi interior sentía que no podía aguantar más, debía aguantar por Lara y evitar que notara mi tristeza.

Salimos del piso, y ya en el coche rumbo a la consulta del psicólogo, Lara me preguntó si estaba nervioso.

-Sí, un poco sí.

-No te preocupes, tú sólo responde a lo que te pregunte. Cuéntale lo que piensas, lo que sientes. Piensa que está ahí para ayudarte.

-Claro, seré totalmente sincero...excepto por lo del muerto...no me conviene salirme de la versión que dije en la comisaría.

-Sí, en ese mantén la misma versión. Por cierto, ya llevas una semana sin consumir- dijo Lara con una gran y bella sonrisa en su rostro.

-Sí, es verdad, espero seguir así...aunque cueste mucho.

-Claro, pero no te puedes desmoralizar.

-No, no lo haré. Contigo a mi lado aguanto lo que sea.

-Pues no te preocupes, no te dejaré tirado. Confía en mí.

-Ya confío en ti, eso no lo dudes.

Seguimos hasta nuestro destino, y por suerte pudimos aparcar cerca. Entramos en el edificio, y vimos una mesa con un señor sentado al otro lado, al que le debíamos de entregar el papel de la cita que nos dio el médico.

-Buenas- le dijimos mientras le daba la cita.

-Buenos días, siéntense, ahora les avisaré cuando sea su turno.

-Gracias.

Nos sentamos en las incómodas sillas de plástico que rodeaban gran parte de la sala, con la esperanza de no tardar mucho en pasar a la consulta. No me gustaba estar ahí, temía que me diera un ataque de ansiedad o algo parecido.

-Bueno, toca esperar- le dije a Lara.

-Sí, esperemos que no tarde mucho.

En la sala de espera me fijé en los que allí esperaban. La mitad, personas como Lara, no se les veía que estuvieran adictos a alguna droga...o al menos no tanto como yo. La otra mitad se les notaba en la cara y en sus formas que estaban enganchados a alguna droga, sus miradas eran delatadoras. Me pregunté si a mí me verían igual...probablemente sí, quien no me conozca, no me diferenciaría de cualquiera de estos otros, aunque la ropa que me compró Lara ayuda a pasar desapercibido. El ver a todas esas personas, aumentó aún más las ganas de salir de aquí, de quitarme estas cadenas que me hacen preso de la necesidad de consumir. No quiero que la gente me vea y directamente se hagan una idea, no del todo equivocada, de cómo soy. Pasados unos quince minutos de espera, el señor de la mesa nos dijo que pasáramos por el pasillo a la primera puerta de la izquierda. Entramos en la consulta, y vi a la psicóloga, una joven con melena morena, y una gran sonrisa que trasmitía confianza. Mi primera impresión fue buena, aunque no me fio del todo de las apariencias. Nos dio los buenos días, y nos saludos con un agradable apretón de manos.

-Sentaos por favor- nos dijo la Psicóloga- Encantada de conoceros, me llamo Astrid.

El nombre me resultó peculiar, es la primera vez que conozco a alguien con ese nombre. Nosotros le dijimos nuestros nombres, y ella también se sentó.

-Contadme- dijo Astrid- Aquí leo que es un tema de adicción a un estupefaciente.

Aunque la necesidad de consumir y los nervios estaban resurgiendo en mis adentros, no dejé que Lara tuviera que hablar por mí.

-Sí, estoy enganchado a la cocaína base.

-¿Desde hace cuánto tiempo?

-Pues comencé a esnifar cocaína en el instituto, pero no tardé mucho en probar la base. Desde que empecé a esnifar, unos tres años, pero sólo unos cuantos meses consumiendo base. Pasé muy rápido a fumar base.

La psicóloga tomaba algunos apuntes mientras me escuchaba.

-¿Consumes alguna otra sustancia?- me preguntó la Psicóloga.

-Bueno, algunas veces fumaba un poco de heroína mezclada con base. Aunque hace ya una semana que no consumo nada, sólo unos pitillos de marihuana.

Siguió tomando notas, y a la vez me dijo:

-Muy bien, ya has comenzado el camino. Y ¿Cómo lo has llevado esta semana?

-Gracias a Lara, que es mi amiga, bien, aunque un poco débil, y con poco apetito.

-Tranquilo, es normal al principio, es la forma que tiene el cuerpo de recordarte que le des lo que quiere, pero debes aguantar, ahora estás empezando a desintoxicarte. ¿Desde cuándo sois amigos?- preguntó mirando a Lara.

-Desde la infancia- respondió Lara- pero cuando hace unos meses se fue del pueblo, dejé de saber de él...no supe nada de lo que le pasaba. Hace poco nos reencontramos, y al enterarme de su situación, no dudé en ofrecerle mi ayuda.

-Es una gran amiga- añadí yo- sin ella no hubiese sido capaz de dar el primer paso, el cual llevaba un tiempo queriendo dar.

-Es muy importante tener un buen apoyo como el que tienes tú con Lara- dijo la psicóloga- ¿Podrías decirme cómo os reencontrasteis?

-Claro- le respondí yo.

Le contamos toda la historia de nuestro reencuentro, mi escapada de aquella noche, mi detención, y todo lo relacionado con estos últimos días. La psicóloga terminó de tomar apuntes y nos dijo:

-Te iba a preguntar por tu ámbito familiar, pero veo los problemas con tu familia. No te preocupes, lo solucionaremos si quieres. Cuéntame, ¿Hace mucho que quieres dejar la cocaína?

-Sí, algún tiempo, pero nunca encontré la forma de salir de ese mundo...hasta que volví a ver a Lara.

-Eso es buena señal. Si quieres dejarlo, y crees que puedes, seguro que lo dejarás.

Me resultó curioso que dijera eso, es lo mismo que me dijo Lara, "Si crees que puedes, puedes". Eso me dio más confianza en Astrid, la Psicóloga.

-Con Lara a mi lado podré salir de aquí- dije yo.

-Yo siempre estaré contigo, no lo dudes- me dijo Lara a la vez que me agarraba la mano.

-No te preocupes, estoy segura que poniendo un poco de esfuerzo conseguirás eliminar la sensación de necesitar consumir.

-Otra cosa que quisiera comentarle- le dije a la psicóloga.

-Por favor, tutéame. Pregúntame todo lo que necesites saber.

-Esta semana he comido muy poco, apenas duermo, y cada vez estoy más cansado.

-Sí es normal al principio. Verás cómo poco a poco te irás encontrando mejor. Sobre todo debes pensar siempre en la vida que te queda por delante, estás en la flor de la vida, lucha por ello y lo conseguirás, te lo aseguro.

-Espero que se pase pronto. Lo peor son las noches en vela con la ansiedad, los nervios, y las inapagables ganas de fumar base...me matan cada noche.

-Esas noches serán las peores. Cuando sientas que las ganas de consumir aparecen, intenta pensar en otra cosa, lee un libro, mira la tele, distráete un poco. Debes buscar una forma de evadirte, aunque sé que no es nada fácil, pero si logras mantenerte ocupado, te resultará más fácil.

-Intentaré estar ocupado. También me da miedo los momentos que pasaré solo. Lara comienza mañana la universidad, y claro, tendrá que asistir a clase, y estudiar.

-Buscaremos algo que puedas hacer mientras ella está con sus estudios.

-Sí- añadió Lara- buscaremos algo con lo que pases el tiempo y te abstraigas de las ganas de consumir.

-También- continuó la psicóloga- sería conveniente que volvieses a ver a tus padres. Seguro que te darán fuerza para continuar, pero sólo cuando estés preparado. Eres un chico joven, y conseguirás lo que te propongas.

La idea de volver a ver a mis padres me incomodaba...pero si debía hacerlo, lo haría, aunque aún no estoy preparado para verlos.

-Sí...aunque no estoy preparado aún.

-Por lo pronto- prosiguió la psicóloga- te vuelvo a ver dentro de una semana.

Me dio un papel con la cita, y Lara y yo nos levantamos.

-En el papel de la cita tienes el número de mi consulta. Si necesitas hablar conmigo, no dudes en llamar.

-Gracias- le dije brindándole la mano para despedirme.

Tras despedirnos salimos de la consulta.

-Vamos a comprar algunas cosas- dijo Lara.

-Vale.

Durante el camino en coche, hablamos de cómo nos pareció la psicóloga.

-¿Qué te ha parecido tu primera consulta?- me preguntó Lara.

-Bien, mejor de lo que me esperaba. La psicóloga, Astrid, es muy simpática, y me da mucha confianza.

-Sí, y que nombre más peculiar tiene. Astrid, no lo había oído nunca.

-Sí, me gusta, no es muy común.

-Como el mío- dijo Lara soltando una pequeña carcajada.

La verdad que estos pequeños momentos con Lara valen mucho para mí. Me hacen sentir "normal" aunque luego tenga momentos de desesperación a causa de ese maldito polvo que me resulta tan atrayente, la cocaína.

-Bueno, ¿Qué vas a comprar?- le pregunté a Lara.

-He pensado que ya que has sido tu primera cita con la psicóloga, deberías elegir tú qué comeremos.

-Vaya, pues no sé la verdad.

-¿Qué tienes ganas de comer? ¿No hay nada que se te antoje?

Tampoco me apetecía nada en especial, y no tenía mucha hambre, pero si Lara quería que eligiese, elegiría.

-No tengo mucha hambre- le dije- pero ¿Qué tal si comemos hamburguesas?

-Me parece bien. Vayamos al supermercado a comprar.

Nos dirigimos a un supermercado no muy lejos de la casa de Lara, y aparcamos en una plaza bastante cercana a la entrada.

-¡Qué suerte haber encontrado este sitio!- dijo Lara.

-Sí.

Nos bajamos y entramos en el supermercado a comprar todas las cosas.

-¿De qué las prefieres?- me preguntó Lara.

-Me da igual, la verdad. ¿Cuáles te gustan a ti?

-Las de ternera.

-Pues ternera se ha dicho.

-Cogeremos también una lechuga, algunos tomates, y kétchup.

-Vale, yo busco todo eso mientras tú coges las hamburguesas.

-Bien, así tardaremos menos.

Me separé de Lara, y fui a buscarlo todo. No sé por qué, pero después de salir de la consulta empecé a sentirme un poco mejor, como un aumento de fuerzas. Debía seguir así.

Encontré todo lo que necesitábamos con facilidad, excepto el kétchup, por el cual tuve que preguntar a una de las chicas del supermercado. Tras cogerlas busqué a Lara, quien ya había comprado las hamburguesas.

-¿Ya está todo?- le pregunté.

-Sí, vayamos a la caja a pagar.

Cuando íbamos hacia la caja, Lara se paró en seco y dijo:

-Pan.

-¿Qué?

-El pan para las hamburguesas, se nos olvidaba.

-Cierto. Ya voy yo a buscarlo.

En un periquete volví con una bolsa de seis bollos para hamburguesas.

-Ya está- le dije.

-Casi se nos olvida, hubiera sido una faena.

-Bueno, ya habríamos improvisado algo. O sin pan, que también están buenas.

Lara pagó, y salimos del supermercado.

Estando ya en el coche, Lara me dijo:

-Tenemos que ir a pillar yerba. Ya queda poca, y mañana tengo mis primeras clases en la facultad. Vayamos a casa de un colega al que le suelo pillar.

-Vale, aunque siempre puedo ir a pillar yo cuando estés en clase.

-Sí, pero bueno, pillemos ya.

Arrancó el coche y nos pusimos en marcha. En menos de diez minutos llegamos a casa del colega de Lara.

-¿Te acompaño?- le pregunté.

-Sí, así lo conoces, por si tienes que venir otro día.

-Vale, vamos.

Llamamos al portero automático del bloque de pisos, y contestó un chico que preguntó:

-¿Quién es?

-Soy Lara.

-Sube.

Se escuchó el mecanismo de apertura de la puerta y pasamos. Subimos por el ascensor hasta el séptimo piso. Al salir del ascensor vi una puerta entreabierta a la que entramos. Al entrar, un fuerte olor a yerba abofeteó mi cara. Sentado en un sofá vi a un chaval de unos veinte años, rubio, y no muy alto.

-Qué pasa tío- le dijo Lara.

-¡Eh!, Lara, qué tal.

-Bien, aquí vengo a por algo de yerba. Mira, te presento a mi amigo.

Le di la mano, y ambos dijimos nuestro nombre.

-¿Cuánto quieres?- preguntó el colega de Lara.

-Dame cincuenta euros.

-Marchando.

El chaval fue a otra habitación y volvió con un gran bote de cristal de tapadera hermética, y un peso digital. Empezó a sacer cogollos del bote, y los fue poniendo en el peso. Tras pesarla, echó toda la yerba en una bolsita, y se la dio a Lara. Me pareció poca cantidad para el precio que pagó.

-Listo- dijo el colega de Lara.

-Bien, nos vamos a comer- dijo Lara- ya nos vemos.

-Nos vemos tío- le dije saliendo de su casa.

-Hasta la próxima- dijo él cerrando la puerta.

Volvimos a montarnos en el ascensor, esta vez para bajar.

-¿Sólo te da eso por cincuenta euros?- le pregunté a Lara.

-Sí, no está mal. Me sale a unos cinco euros el gramo.

-En el barrio conozco algunos sitios en el que la puedo comprar más barata.

-¿Y la misma calidad?

-Sí, bastante buena.

-La próxima vez iremos allí si quieres.

-Vale, así no gastarás tanto.

Nos montamos en el coche y volvimos a casa.

-Voy a preparar la cena- dijo Lara- ya voy teniendo hambre.

-Vale. Yo también tengo algo de hambre.

-Toma- dijo pasándome la bolsa de yerba- hazte un pitillo mientras.

Mientras me liaba el pitillo, pensaba en lo bien que me encontraba. Parecía que fuera capaz de vencer cualquier problema, aunque con sólo una semana sin consumir no podía hacerme muchas ilusiones.

-Toma Lara- le dije pasándole el pitillo.

-Voy.

Le pasé el pitillo a Lara, y le dije que yo terminaría de hacer las hamburguesas.

-Vale- me dijo- ya están casi terminadas. Ponlas en el pan.

Terminé de prepararlas, y las llevé a la mesa; también llevé un par de refrescos.

-Bueno, mañana comienzas las clases- dije.

-Sí, tengo muchas ganas.

-Me alegro de que tengas tantas ganas.

-Y tú ¿Qué harás?

-Pues supongo que me quedaré aquí esperándote.

-Sí, será mejor que no salgas solo aún.

-¿Cuántas horas tienes de clase?

-Mañana sólo un par de horas, supongo.

-Bien, no es mucho.

-Mañana sabré ya que horas de clase tendré todos los días.

-Bien.

Terminamos de comernos la rica hamburguesa, y decidimos ver unas películas para pasar la tarde.

-Va siendo hora de preparar la cena- dijo Lara- mañana me tengo que despertar temprano, y no quiero acostarme muy tarde.

-Sí. Voy a preparar las dos hamburguesas que quedan. Quédate sentada.

Preparé la cena, y tras comérnosla y fumarnos un pitillo, nos fuimos a dormir.

-Buenas noches Lara, que vaya todo bien mañana.

-Gracias, seguro que sí. Buenas noches.

Me tumbé en la cama, con el miedo a no poder dormir como los días anteriores, pero para mí sorpresa, concilié el sueño bastante rápido.

6. LA FELICIDAD CAMBIA A ODIO

Ya ha pasado una semana desde mi primera cita con Astrid, la psicóloga.

La noche de mi primera sesión con ella dormí muy bien, y los dos o tres días siguientes también, pero desde hace unos días me está volviendo a costar dormir. Me tomo una tila como me recomendó la psicóloga, y sigo con la medicación del médico para intentar conciliar el sueño…pero son poco eficaces.

Tengo unas ganas insaciables de fumar base. Ayer, incluso pensé en escaquearme mientras Lara estaba en la facultad dando clases. Pude contenerme pero, ¿por cuánto tiempo? El miedo por volver a caer y fallar a Lara me estaba consumiendo. No podía hacerle eso. No podía preocuparla y abstraerla de sus estudios.

Según me contó Lara, le gusta el entorno del aula y sus nuevos compañeros. Esta primera semana ha compaginado muy bien con una chavala llamada Sarah. Suele dar unas cuatro horas de clase por las mañanas, excepto los viernes que los tiene libres. También la mayoría de las tarde se encierra en su habitación a estudiar y, aunque con su dulzura habitual me dijo que si necesito algo la avise, nunca quiero molestarla.

Hoy iré solo a ver a la psicóloga, aunque Lara ha insistido en acompañarme, prefiero que vaya a clase. También me lo tomaré como una prueba para mí mismo. Lara me llevará a la consulta, e irá a la facultad.

Cuando salí de la habitación y fui al salón, vi que Lara tenía preparada una cafetera repleta de café; también preparó unas tostadas.

-Buenas días- le dije.

-Buenos días, ¿Cómo te encuentras?

-Bien. Veo que has preparado café.

-Sí, ¿quieres una taza?

-Sí, gracias.

-¿Y una tostada?

-No, tengo el estómago un poco cortado. A ver si el café me despierta un poco. No pude dormir mucho.

-Bueno, ahora le cuentas todo lo que te aflige a la psicóloga. ¿Seguro que no quieres que vaya?

-No es que no quiera que vengas. Es que no quiero que faltes a clase. Sé que es muy importante para ti.

-Tú también eres muy importante para mí. Por una clase no pasa nada.

-No te preocupes, en serio. Si quieres puedo comentarle a la psicóloga que tienes clases por las mañanas, para ver si puede darme cita por las tardes.

-O los viernes, que no tengo clase.

-Cierto. Además, esto me lo tomo como una prueba de resistencia.

-Vale. Bueno, vamos saliendo que se hace tarde.

Salimos del piso y fuimos al coche. Cuando llegamos a la puerta del edificio en el que se encontraba la consulta, Lara paró y me dio algo de dinero.

-Toma- dijo dándome un billete de cinco euros- para que puedas coger el autobús cuando termines.

-No hace falta, puedo volver andando.

-No, insisto, no es nada.

Sabía que no iba a parar hasta que lo cogiese, así que lo cogí.

-Gracias- le dije- Voy dentro.

-Vale. Nos vemos en casa. Hoy tengo sólo tres horas de clase.

-Bien. Pues nos vemos en casa. Que vaya bien la mañana.

Me despedí de Lara, y entré en el edificio. Esperé pacientemente mi turno pensando en Lara. Últimamente paso mucho tiempo pensando en ella, casi todo, y en todo lo que está haciendo por mí. Cuando me llamaron, entré.

-Buenos días- dijo la psicóloga al verme entrar.

-Buenos días.

-¿Hoy no viene tu amiga Lara?

-No, tiene clases en la facultad. Eso es una de las cosas que quería comentarle.

-Ya te dije que me tutearas, por favor- dijo con una amplia sonrisa.

-Sí, perdona. Pues quería pedirte si podíamos cambiar la cita a los viernes, para que Lara pudiera venir y no perder ninguna clase.

-Sí, no te preocupes, ahora busco un hueco. Y qué tal la semana.

-En general bien. Algunas noches, estas últimas, no he podido dormir muy bien, también por las mañanas, cuando Lara está en la facultad. Parece que sin su presencia me quedo sin fuerzas, como vacío.

-Estás muy unido a ella, ¿verdad?

-Sí, aun cuando estaba en el barrio, y llevaba mucho tiempo sin saber de ella, la recordaba a veces. Todo lo que está haciendo por mí, es impagable.

-Es bueno tener un gran apoyo como lo es Lara para ti, pero no puedes vincular tu felicidad a la presencia de otra persona. Recuerda que las personas cambian, esto no quiere decir que Lara vaya a cambiar o a dejar de ayudarte, pero conviene estar preparado para lo que venga. Y dime, ¿Cómo lo has pasado mientras Lara no estaba?

-No muy bien, alguna vez se me ha pasado por la cabeza ir a pillar algo para calmar el mono, por las mañanas, cuando Lara no está, y algunas tardes mientras estudia en su habitación.

-¿Te costó mucho resistirlo?

-Menos de lo que pensaba. La verdad, pensé que sería más difícil. Pero en cierto modo sigo pensando que sin Lara a mi lado, no tardaría mucho en volver a caer al pozo.

-No pienses eso. Tú serás capaz de superarlo si te lo propones. No lo dudes.

Las palabras de la psicóloga siempre reconfortan, pero en mi interior sabía que Lara era quien estaba consiguiendo que pudiera resistir la indeseable sensación de pegarme una buena fumada.

-Bueno, la semana pasada hablamos sobre que deberías mantenerte ocupado.

-Sí, pero no sé qué hacer.

-Qué te gusta hacer.

-Pues no lo sé. No se me ocurre nada.

-¿Has pensado en estudiar?

-No se me había pasado por la cabeza, pero no tengo ni el graduado de la E.S.O.

-Nunca es tarde para sacárselo. Puedes apuntarte a clases para preparar los exámenes.

-Sí, estaría bien.

-Si te interesa, puedo buscarte alguna escuela que se adapte al horario de Lara.

-Me parece bien. Quizá estar ocupado sea la solución para no pensar más en la maldita coca.

-Sí, no lo dudes, estar ocupado te ayudará, y tener metas es muy importante. Debes tener un objetivo siempre en mente. En la próxima cita ya te comentaré algo sobre la escuela.

-Vale, perfecto.

Seguimos hablando hasta que llegó el momento de despedirnos.

-Pues ya acabamos por hoy. Nos vemos el viernes- dijo Astrid tras ponerse de pie.

-Sí, y con Lara acompañándome- dije con una feliz sonrisa.

Le di la mano y me despedí. Salí de su consulta, y entregué el papelito de la cita al señor de la puerta para que me diera el del viernes.

Fui hasta la parada de autobús más cercana, y esperé al próximo, que debería llegar en unos quince minutos. Durante la espera pensaba sobre lo de sacarme el graduado. Me asustaba un poco volver a ir a clase, conocer gente nueva, pero si consigue quitarme de la cabeza el desquiciante pensamiento de fumar base, lo haré.

El autobús llegó unos diez minutos tarde. Me monté en él y le dije al conductor mi parada, él me echó una mirada de desconfianza. ¿Le habré robado alguna vez? No lo sé, ni me importa, la psicóloga me dijo que intentara no pensar tanto en el pasado, que me centrase en el presente y futuro. Pagué con el billete que me dio Lara, y tras recoger el ticket y las vueltas, me senté en el asiento más cercano a la salida trasera.

De camino a la parada en la que me bajaría, el autobús pasó frente al maldito barrio. Se me ocurrió ir y comprar algo con el dinero que me sobró, pero al momento me pregunté ¿Por qué coño no dejan de aparecer esos pensamientos en mi cabeza? Por lo menos logré controlarlo rápido. Cuando quise darme cuenta, el autobús estaba parado en mi parada. Bajé y decidí gastarme el dinero que me quedaba en la panadería cercana. Compraría algunos dulces y me gastaría el dinero para así evitar la tentación de ir al barrio.

Subí a casa y me senté en el salón a ver un poco la televisión mientras esperaba a Lara. Amenicé la espera con uno de los dulces que compré. Viendo la tele me quedé dormido.

Cuando abrí los ojos, Lara estaba frente a mí, mirándome y sonriendo con su boca y sus ojos.

-¿Qué tal?- preguntó Lara.

-Oh, ¿Ya estás aquí? Creo que me quedé dormido.

Lara soltó una breve carcajada y dijo:

-Sí, cuando llegué estabas muy rico en el sofá, dormidito.

Yo también me reí, y me levanté del sofá.

-Compré unos dulces con lo que me sobró- le dije a Lara.

-Bien, tengo un poco de hambre, pero mejor dejémoslos para después de comer.

-Sí. Los compré por no tener dinero encima, así evito la tentación de ir al barrio. Cuando venía, el autobús paró frente al barrio. Por un momento se me pasó por la cabeza ir a darme una fumada.

-Pero no lo hiciste.

-No.

-Eso es lo que cuenta. Quizá hace unos meses no hubieras resistido la tentación.

-Eso seguro. Ahora tú estás a mi lado. El pensar en ti me ayuda a no volver a ese mundo, ni de visita.

-Me vas a sonrojar. Nunca olvides que quien tiene la última palabra para consumir eres tú, y eres tú quien tiene la fuerza para controlar las ganas, y como siempre te digo, si crees que puedes, puedes.

-Lara, eres tú quien me da esa fuerza.

-Me encanta serte de tanta ayuda. Juntos saldremos de esto, ya lo verás.

La complicidad con Lara iba aumentando cada vez más. Incluso creo que estoy empezando a sentir algo más por ella...lo que no sé es si sus sentimientos van por el mismo camino. Es muy buena amiga.

Tras hablar un rato más sobre mi sesión con la psicóloga, y sobre lo que Lara hizo hoy junto a su amiga Sarah, nos pusimos a preparar algo para comer. No tardamos mucho en terminar la comida, y después de esta, pasamos la tarde como los últimos días, Lara estudiando, y yo luchando contra mis demonios, al igual que los días siguientes hasta el viernes, día en el que Lara no tiene clases, y toca ir a la consulta de la psicóloga.

-Buenos días- dije a Lara.

Lara me saludó de la misma forma, y me ofreció tortitas que había hacho para desayunar.

-¡Qué buena pinta!- exclamé al ver tal delicia.

-Pues siéntate y disfruta. Toma también un poco de sirope de fresa.

-Gracias.

Esa mañana, al ver a Lara preparando tortitas, que me encantan, no sentí la fatiga matutina ni la falta de apetito que sentía siempre. Poco a poco, o demasiado rápido, Lara iba calando en mí. Seguí preguntándome si ella sentiría lo mismo. Está claro que me aprecia mucho, incluso que me quiere, si no, no haría todo lo que está haciendo por mí. La pregunta es ¿Cómo me quiere? ¿Será simple amistad? No lo sé, y no me atrevo a preguntárselo, por miedo a romper toda esta situación. Ahora hay días en los que vuelvo a sentir felicidad, como al ver a Lara. Felicidad de verdad, y no esa falsa sensación de bienestar que conseguía al fumar base; esa sensación es sucedáneo de felicidad. Y en un mundo donde hay autentica felicidad, por qué voy a conformarme con un sucedáneo.

Cuando estuvimos preparados, salimos hacia la consulta de la psicóloga, Astrid.

-Cómo estas ¿Nervioso?- me preguntó Lara.

-No. Hoy vamos juntos, y eso me gusta y tranquiliza.

-Y a mí. Quiero estar contigo en cada momento.

-Hoy quizá me diga dónde iré a estudiar.

-Ojalá, así te entretendrás más. Seguro que te ayuda.

-Sí. Por un lado tengo muchas ganas de empezar, pero por el otro no sé cómo será. Por eso sí estoy nervioso, hace mucho que no voy a clase, y mucho menos conocer a otras personas.

-No te preocupes. Eso será los primeros días, luego te acostumbrarás. Yo también estaba nerviosa por empezar en la universidad, pero ya hice amigas como Sarah, y todo es más fácil.

-Vale. Si tú lo dices seguro que será así.

Lara aparcó, y seguimos la rutina semanal hasta llegar a la consulta. La psicóloga nos saludó con su característica sonrisa y amabilidad de siempre. Nos sentamos, y me preguntó cómo pasé estos días.

-Bien. La verdad que mejor que otros días, y hoy me encuentro con más fuerzas que nunca.

-Y cada día mejor, ya lo verás- dijo la psicóloga- Por cierto, he encontrado un sitio en el que puedes prepararte los exámenes. Podrás ir de lunes a jueves por las mañanas, así mientras Lara está en la facultad, tú estarás estudiando para la E.S.O.

-Perfecto- le dije.

-Sí- dijo Lara- así aparte de sacarte el título estarás entretenido cuando yo no esté.

-Sí- dije yo.

-Empezarás el lunes- dijo la psicóloga- Pasaros por aquí para el papeleo.

-Vale- dijo Lara- Ahora nos pasaremos cuando salgamos de aquí.

Continuamos con una pequeña charla hasta que acabó la hora de consulta, nos despedimos, y salimos de allí.

Fuimos al colegio que nos indicó la psicóloga, y buscamos el despacho de dirección. Llamamos a la puerta, y Lara preguntó si se podía pasar.

-Sí, adelante- dijo una voz ronca.

Pasamos, y el director estaba sentado frente a su gran mesa.

-Venimos de parte de Astrid- dijo Lara.

-Sí- dijo el director- rellenar este formulario, y haced una fotocopia del DNI en copistería.

No se le veía con muchas ganas de hablar. Hicimos todo lo que nos pidió y volvimos a entregárselo.

-Vale, está todo bien- me dijo el director- Nos vemos el lunes.

-Sí. Hasta el lunes.

Salimos de allí, y nos marchamos en el coche. Volvimos a casa y preparamos la comida, estábamos hambrientos.

-Hoy me encuentro muy bien- le comenté a Lara.

-Sí, eso parece. Hoy es viernes, ¿Te apetece salir a tomar algo?

No quería jugármela por salir una noche pero, yendo con Lara no creo que ocurra nada malo.

-Vale, si tienes ganas saldremos. No creo que pase nada, sabré aguantar.

-Si te encuentras mal me lo dices y nos volvemos a casa.

-Vale.

Pasamos tranquilos la tarde, sentados en el sofá viendo unas películas hasta la hora de cenar. Cuando terminamos la comida, nos duchamos y preparamos para salir a un bar en el centro de la ciudad.

-¿Estás listo?- me preguntó Lara.

-Sí. Algo nervioso, pero bien.

-Recuerda que en cuanto te sientas incómodo o algo parecido, me lo dices y nos volvemos.

-Sí, no te preocupes.

Salimos del piso y fuimos dando un paseo para no tener que coger el coche más tarde. Yo no bebería alcohol, pero no quería que Lara se cortara lo más mínimo por mi problema. Quiero que disfrute. Al llegar al bar, el humo inundaba el ambiente, que se amenizaba con una música de fondo, desconocida para mí. Nos acercamos a la barra para pedir la bebida.

-¿Qué vas a tomar?- me preguntó Lara.

-Un refresco, de limón.

-Vale, yo me tomaré una cervecita.

Lara llamó al camarero y pidió lo que queríamos. Con nuestra bebida en la mano, fuimos a sentarnos en uno de los sofás.

-Por ahora todo bien ¿no?- dijo Lara.

-Sí. Este sitio es tranquilo. ¿No has quedado con tu amiga Sarah o alguien?

-No. Preferí que estuviéramos solos, por si querías volver a casa pronto.

-No te preocupes. Si querías podías haber quedado con alguien.

-Sarah me preguntó si quería salir con ella, pero le dije que no, que vendría aquí contigo. Prefiero que estemos los dos solos.

-Pues mejor. Yo también lo prefiero.

Pasamos un buen rato charlando y riendo. Me encontraba bastante alegre, con un gusanillo recorriendo mi cuerpo que me pedía más momentos como este, junto a Lara. Nada podía romper este momento, era perfecto.

-Voy al baño- dijo Lara- No puedo aguantar más.

-Vale.

-¿Estarás bien aquí solo?

-Sí, no te preocupes.

Lara fue al baño, y me quedé embobado mirando cómo se iba. Es perfecta, o eso me parce a mí.

Tras esperar unos quince minutos empecé a pensar que no era normal que tardara tanto. Cuando ya pasó la media hora desde que se fue, me acerqué al baño a ver si ocurría algo.

Pregunté a unas chavalas que acababan de salir del baño si quedaba alguien dentro, me dijeron que no, que estaba vacío. ¿Dónde está Lara? Me pregunté. Ella no se marcharía dejándome aquí solo. No me gustaba nada lo que estaba pasando. Los nervios comenzaban a pasearse por mis adentros. La ansiedad me atacaba al corazón y al estómago produciéndome unos retortijones insoportables. Estaba a punto de vomitar. Lara es la columna que aguanta mi mundo. Solté todo el contenido de mi estómago en una catarata de vómito, y con las fuerzas que me quedaban di una vuelta por el local, pero no había ni rastro de Lara.

Salí a la calle, y vi pasar un coche de color rojo oscuro. Por la ventanilla trasera vi a Lara, alguien le estaba tapando la boca. Ella también me vio, lo vi en el brillo de su mirada al verme. Qué coño está pasando aquí. El coche me suena del barrio, de haberlo visto alguna vez por allí, pero quién es el dueño de ese coche. Sea quien sea se acaba de convertir en un cadáver, por Lara lo daría todo, y no permitiré que nadie le haga daño. La felicidad que recorría mi cuerpo se transformó en un fuerte odio hacia quien fuera el que secuestro a Lara. No me lo pensé ni un segundo y salí corriendo al barrio.

De camino al barrio intentaba encontrar algo de lógica a todo esto. Está claro que han secuestrado a Lara, pero por qué. No me cabe la menor duda de que el cabrón que se llevó a Lara me conoce, pero me llevaba bien con todo el mundo, todo lo bien que te puedes llevar en un sitio como ese.

Al llegar al barrio pasé por mi chabola. Nadie la había habitado aún, o eso parece. Cogí uno de los cuchillos que guardaba al lado de la cama, y salí a buscar el coche rojo oscuro.

Tras dar una vuelta, pasé por delante de la casa del Navaja, mi colega del barrio. Decidí llamar a la puerta, quizá supiera algo. Llamé a su puerta, y cuando abrió y me vio dijo:

-¡Joder, tío, dónde te habías metido!

-Con una amiga. Fuera del barrio, dejando la base.

-¿En serio?- preguntó sorprendido- si te gusta más el humo que el aire.

-Sí. Necesito tu ayuda- dije nervioso.

-Entremos, te noto bastante nervioso.

Cada vez me costaba más respirar. Mi cuerpo me estaba pidiendo que lo calmase y, sin Lara, sólo sé una forma de conseguirlo. Al llegar al salón del Navaja vi que no había nadie. Perfecto.

-¿Qué te pasa?- me preguntó- ¿Quieres una fumada?

-Sí, prepáramela.

El Navaja me preparó la calada de base, mi antigua amante que tanto me ha llamado. Ya noto su olor, el cual me atrae y evita que pueda pensar en otra cosa que no fuera ella. Llevo mucho tiempo sin tocarla, y mucho más sin probar su sabor. Ansioso, cogí la botella para volver a fumar ese amargo humo que fue mi carcelero durante muchos meses, y del cual pude liberarme gracias a Lara... ¿Pero qué coño hago? Lara, ella es la única que importa, no puedo decepcionarla. Debo encontrarla, y luchar contra la sirena que intenta atraerme.

Tiré la botella al suelo, algo que nunca antes había hecho. El Navaja al ver lo que hice dijo:

-¡¿Estás loco?!

-No. No puedo tirar por la borda todo el esfuerzo que he puesto en salir de aquí. Lo único que quiero es encontrar a Lara.

-Vale, tío, pero no tenías por qué haberla tirado, me la podía haber fumado yo.

-No hay tiempo que perder. Hay que encontrar el coche rojo oscuro en el que vi a Lara. Estoy seguro de haberlo visto antes por aquí.

-Pero tío, déjame fumarme una.

Pensé que si no se la fumaba no estaría en condiciones para ayudarme...sé lo que es el mono.

-Está bien- le dije- pero rápido.

Cuando el Navaja se fumó su calada, salimos en busca del coche rojo oscuro. Por el cuerpo sentía una excitación, una especie de euforia como cuando me fumaba una calada de base, o más bien como cuando esnifaba la coca cruda. Será que una droga más fuerte me está llamando, Lara, esa chica a la que necesito más que cualquier otra cosa.

Nos montamos en el coche del Navaja, y dimos vueltas por el extenso barrio. Tras una hora muy larga, vi el coche rojo oscuro. No había duda, ese era el coche. Miré la puerta frente a la que estaba aparcado y no podía creerlo. Estaba aparcado frente a la gran casa del Barbas, un cabrón bastante rico que movía toda la droga que andaba en la ciudad. ¿Por qué secuestró el Barbas a Lara?

-Joder, tío- dijo el Navaja- si la tiene él, no sé qué vamos a poder hacer.

-¿Tienes algún arma?

-Sí, en casa, una pipa y una escopeta.

-Vayamos a por ellas. No puedo aguantar más sabiendo que Lara está en casa de ese cabrón, pero el Barbas siempre va armado, y no pienso entrar sin protección a su casa.

Fuimos a casa del Navaja a por las armas, y volvimos lo más rápido posible a la gran casa del Barbas. Antes de bajar del coche el Navaja me dijo:

-Tío, sabes que te aprecio, pero...

-No sigas, no tienes pelotas para ayudarme.

-No es eso. Es que es un suicidio. ¿Estás seguro que esa chica vale arriesgar tu vida?

Giré la cabeza para mirar al Navaja y le dije:

-Esa chica, Lara, vale mi vida, la tuya, y la de todos los que se interpongan. No pienso fallar, conseguiré liberarla.

Abrí la puerta, salí del coche y sin dejar hablar al Navaja le dije:

-Gracias por las armas. Adiós.

Sin mirar atrás, y con la pistola en la mano izquierda y la escopeta en la derecha, me acerqué andando con tranquilidad a la gran casa del Barbas, una tranquilidad inquietante, no tenía ni la más remota idea de lo que haría, Sólo tenía una cosa en mi cabeza, sacar a Lara de ahí.

7. SANGRE, FUEGO, Y PRSIÓN DE CURACIÓN

Pensé en colarme por la terraza del segundo piso, todas las ventanas estaban protegidas por rejas. Subí escalando por una tubería, y para mi suerte el ventanal que daba a la habitación estaba abierto. Entré con cuidad apuntando con la pistola. Todo estaba oscuro, alumbré con el mechero para encontrar el interruptor de la luz, y lo pulsé. No había nadie en la habitación.

Cogí una bonita katana que estaba colgada en la pared, junto a la puerta. Me colgué la escopeta al hombro, y empuñé la katana con la mano derecha. Abrí la puerta, y con sigilo caminé por el pasillo, atento a cualquier sonido que pudiera surgir. La katana me vendrá muy bien para no hacer ruido durante el máximo tiempo posible. Si los pillo por sorpresa tendré más posibilidades de salir vivo de aquí...junto a Lara.

La tranquilidad que se respiraba no me gustaba nada, mi cuerpo estaba acumulando bastante adrenalina que debía soltar. A apenas un metro de la esquina del pasillo escuché unos pasos subir por la escalera. Preparé la katana para clavársela al primero que viera, y en cuanto vi a la persona que subía, le clavé la katana en la garganta. Lo aguanté, saqué la katana, y lo dejé en el suelo con cuidado de no hacer ruido.

-Uno menos- pensé- seguro que es uno de los hombres del Barbas. Un cabrón menos en este mundo.

Esperé unos segundos por si venía alguno más. Pero el silencio reinaba en el ambiente. Bajé por las escaleras, con la katana preparada para asestar un tajo al próximo que me encontrara.

La escalera conducía al hall de la flamante casa. A la izquierda veía la entrada principal, a la derecha un salón con un par de tipos sentados y viendo la tele. Qué podría hacer. En ese momento sonó el timbre de la puerta. Me escondí tras la esquina, sin perder de vista la puerta, y vi a uno de los hombres del Barbas levantarse del sofá para abrir. Cuando abrió la puerta, vi que quien llamaba era el Navaja. Qué coño hace aquí, él sabe que estoy aquí dentro. ¿Vendrá a delatarme, o a ayudarme? Será mejor estar preparado para lo que sea. No podía escuchar de qué estaban hablando, pero el Navaja se sentó en el sofá junto al otro tipo. El que le abrió la puerta salió de la habitación. Seguí observando, y vi al Navaja sacar un cigarro, ponérselo en la boca, y hacerle señas al hombre del Barbas para que le diera fuego. En el momento en que ese tipo estaba sacando el mechero, el Navaja, con la rapidez que le caracterizaba, acuchilló al hombre del Barbas en el cuello, y lo arrastró tras uno de los sofás. Al ver esto fui hasta el salón.

-Navaja— le dije- ¿Qué haces aquí?

-No podía dejarte solo. Sabía que estarías por aquí.

-Gracias. No sabía cómo quitarme de en medio a esos dos.

-Pues uno menos.

-Dos. Arriba me cargué a otro con esta katana.

-Deben de quedar bastantes, el Barbas tiene a sueldo a muchos cabrones.

-Caerán todos los que se pongan por delante. ¿Qué le dijiste al otro para que se fuera?

-Le dije que venía a por un cuarto de coca para venderla. Fue a buscarlo, suerte que me conocía de alguna otra vez. No tardará mucho en venir.

-Escondámonos y pillémoslo con la guardia baja.

Nos escondimos a los lados de la puerta, esperando que llegara el siguiente futuro cadáver. Cuando apareció, el Navaja le asestó tres puñaladas en el pecho; casi ni me dio tiempo a reaccionar.

-Joder- dije yo- eres más rápido de lo que se cuenta.

-Por algo mi apodo es Navaja.

-No sé qué hubiera pasado si no hubieses venido.

-Mejor no saberlo. Sigamos, según sé, el despacho del Barbas está al final de la casa, que más bien parece una mansión. Cogeré la coca que traje, no la pienso dejar aquí tirada.

-Tú siempre igual.

-Tú hubieras hecho lo mismo si siguieras metiéndote.

Seguimos por el camino, y abriendo con cuidado cada habitación que nos encontrábamos, por si Lara estaba en alguna de ellas. La mayoría estaban vacías, o llenas de trastos de los trapicheos del Barbas.

-Joder- dijo el Navaja- esto es inmenso.

-Sí, pero cada puerta que abramos será una menos.

-Probemos esta.

Nos preparamos para abrir otra puerta, y al abrirla vimos a una chica acurrucada en unas mantas en el suelo, encadenada por el cuello como un perro, y como un perro tenía sus cuencos para la comida y el agua. Qué clases de mente enferma puede hacer esto. El Navaja y yo nos miramos con un gran asombro en nuestra mirada, cerramos la puerta, y le preguntamos casi al unísono:

-¿Estás bien?

La chica se giró. La cara que tenía casi me parte el alma; llena de golpes y quemaduras con forma de cigarro. Su mirada pedía a gritos ayuda, también se notaba el camino por el que cayeron sus lágrimas...ha debido llorar mucho.

-¡No!- gritó ella- ¡Ayudadme!

-No grites- le dije- tranquila, te vamos a soltar.

-Las llaves están colgadas ahí arriba- dijo la chica señalando al lado derecho de la puerta- las tienen ahí para que no pueda alcanzarlas, y ellos tenerlas a mano para poder violarme.

La liberamos de su collar, y la ayudamos a ponerse de pie.

-¿Cuánto tiempo llevas aquí?- le preguntó el Navaja.

-No lo sé- contestó la chica- hace mucho que me raptaron y me encerraron aquí.

La chica comenzó a llorar mientras seguía hablando.

-Quiero salir de aquí. Me violan cuando quieren, a diario; me dan de comer las sobras, en estos cuencos, como a los perros; apagan en mí los cigarros que fuman. No lo soporto más, prefiero morir.

-No vas a morir- dijo el Navaja- te sacaremos de este manicomio.

La chica se asemejaba más a un esqueleto que a un ser humano. Qué clase loco es el Barbas. ¿Y si Lara estuviese igual? No tengo tiempo que perder, debo encontrarla.

-Debo encontrar a Lara- le dije al Navaja- No puedo permitir que la traten así.

-Sí, tienes razón, pero no podemos dejar aquí a esta chica.

-¡No!- exclamó la chica- no me dejéis aquí sola.

-Tranquila- le dijo el Navaja- te sacaré de aquí y te llevaré a mi casa. Allí no te pasará nada.

-Vale- dije yo- llévala. Yo seguiré adelante.

-En cuanto la deje- dijo el Navaja- volveré para ayudarte.

-Gracias amigo- le dije yo- retiro lo que te dije antes en el coche.

-No pasa nada hermano. Ahora nos vemos.

Salimos de la habitación con mucho cuidado, y el Navaja, llevando a la chica en brazos, deshizo los pasos que anduvimos. Yo sólo tenía dos cosas en mente, salvar a Lara, y acabar con la vida de ese demente del Barbas.

Continué adelante por la extensa casa, mirando en las habitaciones por si Lara estuviera en alguna de ellas, pero nada. Quién coño construyó esa casa, parece una mezcla de mansión, laberintos, y motel de carretera.

Al final del pasillo vi una escalera con dos direcciones. Decidí bajar aunque también podía subir a una planta superior. Al bajar doblé la esquina y vi una gran sala, bastante bonita, con una barra de bar y una gran variedad de bebidas; un sofá semicircular presidiendo el centro del salón, que se caldeaba gracias a una inmensa chimenea de unos dos metros de altura, gigantesca, al igual que la televisión situada en la pared al lado del pasillo por el que entré, lo curioso es que estaba encendida. Después de tanto pasillo y habitaciones tipo motel de mala muerte decidí esperar, pensé que aquí vendría alguien pronto, no creo que dejen la televisión siempre encendida. Me senté en el sofá, apunté al pasillo con la escopeta, y apoyé la katana en el suelo, a modo de bastón. Esperaba que no tardará mucho en aparecer el que estuviera aquí viendo la tele, con suerte podría ser el Barbas.

Lara, eso es lo único que me repetía mi cabeza. El corazón palpitaba cada vez más, el estómago parecía estar digiriéndose a sí mismo, y el sudor hacía que pareciese que acababa de salir de darme un baño caliente. Quizá hubiera sido mejor fumarme una calada de base, así no estaría tan nervioso...no sé, por otro lado eso tiraría todo lo que hemos luchado Lara y yo. Debo aguantar, por ella, no quiero que al rescatarla vea que volvía caer en las garras de ese demonio que es la cocaína. Creo que puedo dejar la coca y creo que puedo salvar a Lara, lo lograré.

Escuché unos pasos, y me preparé para abrir fuego. Entraron dos chavales al salón, uno bastante gordo y otro delgaducho. En cuanto los vi les dije:

-¡Eh! Vosotros, ni un movimiento o desearéis no haber entrado aquí.

La cara de los chavales se quedó más blanca que la cocaína.

-Es él- dijo el delgaducho.

-Sí- prosiguió el gordo- ¿Qué haces aquí?

-Qué coño pasa- dije yo- ¿Me conocéis?

-Qué te pasa a ti- dijo el gordo- ¿No nos recuerdas?

-No. Sólo sé que aquí está mi amiga, Lara, y no pienso marcharme sin llevármela conmigo.

-Cabrón, no saldrás de aquí con vida- dijo el delgaducho.

-Quién va a impedírmelo- dije yo- ¿Vosotros?

-Puede que no- dijo el delgaducho- pero esta casa está llena de guardas de seguridad sin escrúpulos. Acabarán contigo.

-¿Guardas?- dije levantando la katana empapada en sangre- aquí tenéis parte de vuestra seguridad. ¿Quién coño sois?

-Somos los sobrinos del Barbas- dijo el gordo- Vinimos a vivir con él hace algún tiempo, somos los hijos de su hermana.

Tenía delante de mí a los sobrinos del Barbas, no era él, pero de algo me valdrán. Sus cara me sonaban de algo, quizá los haya visto alguna vez por el barrio...no sé.

-Así que los sobrinos de un hijo de puta- dije yo- vuestra abuela tiene que estar muy orgullosa de ese lunático.

-Te tragarás tus palabras- dijo el gordo.

-Puto gordo-dije yo- tranquilo que te las tragarás tú. Decidme, de qué me conocéis.

-Nos tangaste hace algún tiempo- dijo el delgaducho- el primer día que vinimos al barrio.

¿Les tangué? He tangado a tanta gente que no puedo acordarme de todos.

-¿Dónde?- pregunté.

-Aquí-dijo el delgaducho- en el barrio. Te dimos cincuenta euros y nos diste un gramo de mierda.

¡¿Qué?! Ahora me acuerdo, son los chavales a los que les di corte y me quede con la coca.

-Ya me acuerdo- dije yo- ¿Y por eso vuestro tío secuestró a Lara?

-Le contamos lo que pasó- dijo el gordo- le dijimos cómo eras, y nos dijo que no nos preocupáramos, que él se ocupaba de todo.

-Será cabrón- dije yo.

-¿Te arrepientes de habernos tangado?- preguntó el delgaducho.

-Os vais a arrepentir vosotros de haber salido a la calle ese día.

Me acerqué a ellos, sin dejar de apuntarles con la escopeta, y con un rápido movimiento de mano le hice un gran corte en la pierna al delgaducho.

-Y tú ni te muevas gordo de mierda- le dije al gordo mientras le apuntaba directamente a su cabeza.

El delgaducho gritaba como cerdo en la matanza, eso atraería a algunos guardas de seguridad. Quién sabe, quizá no debí hacerlo, pero no pude aguantarme sabiendo que, en parte, por culpa de estos dos cabrones, Lara está aquí secuestrada. Ahora debía pensar algo, y rápido.

Pensé en esconderme tras la barra del bar y esperar a quien viniera a ayudar al delgaducho, y freírlo a tiros, pero el delgaducho podía avisar de que estaba tras la barra escondido. Corté unas tiras de la cortina, até y amordacé al gordo, y lo deje tras la barra. Me acerqué al delgaducho y le até las manos y piernas.

-¡Cabrón, vas a morir!- me dijo el delgaducho.

-¡Cállate! O no...mejor grita.

Le agarré la lengua, y se la corté de cuajo con mi katana. El delgaducho comenzó a gritar de una forma ensordecedora.

-Grita ahora- le dije- contra más grites más caerán.

Fui rápido tras la barra, empuñé mis armas, y me preparé para el ataque.

-Espero que lleguen pronto- le dije al gordo- de lo contrario tu hermano morirá. Lo que no sé es si será por desangrarse o por ahogarse con su propia sangre. En cualquier caso dalo por muerto...y a ti, caerás también, no lo dudes.

Esperé unos cinco minutos y no aparecía nadie; el delgaducho dejó de gritar, no sé si estará vivo aún, me importa poco tirando a nada, lo malo que ya no gritaría más. Me fijé que el gordo tenía un paquete de tabaco en el bolsillo de su camisa.

-Trae- le dije cogiendo el paquete- tú ya no lo necesitarás.

Saqué un cigarro, busqué un mechero por sus bolsillos, y lo encendí como si tuviera todo el tiempo del mundo, aunque en cualquier momento podría entrar alguien y acabar con este silencio. No podía seguir esperando más.

-¡Qué entre alguien ya!- pensé.

En ese momento escuché unos disparos.

-¿Qué coño está pasando?- dije- Tú, gordo, no te muevas de aquí, aunque sé que no irás muy lejos. Gracias por el tabaco.

Cogí mi katana y mi pistola, y me colgué la escopeta al hombro. Con cuidado, y siempre apuntando, fui yendo al lugar de donde provenían los disparos. Subí las escaleras hasta arriba, y vi por el pasillo varios cuerpos ensangrentados, se notaba las cuchilladas en el cuello, no había duda de que era trabajo del Navaja. En principio me alegré, pero al momento me preocupé por él, esos disparos significaban que lo habían encontrado. Corrí por el pasillo, y al girar la esquina vi a dos hombres del Barbas disparando. Con rapidez y sin pensarlo, le clavé la katana en la nuca a uno y disparé en la cabeza al otro. Mi cuerpo rebozaba adrenalina. Sólo pensaba en cargarme a todo cabrón que me encontrara. Tras arrebatarles la vida a estos dos, vi que estaba en el segundo piso de otro gran salón, un gran salón cuadrado, y se podía bajar al primer piso por unas escaleras. Estaba claro que el Navaja se escondía en una habitación del primer piso, pues todos los hombres del Barbas que veía disparaban hacia ella. Las balas volaban contando el viento, eran muchos hombres, pero por suerte no me habían visto, estaban demasiado entretenidos intentando cargarse al Navaja. Aproveché el ruido de las balas para disparar a otros dos que estaban en el segundo piso. En el primero deben quedar unos cinco que disparaban a la habitación en la que estaba el Navaja, este les respondía por una pequeña ventana. Fui hasta la escalera y, utilizando su distracción, comencé a disparar. Pude darle a tres antes de que una de sus balas diera a mi katana y me la arrebatara de las manos. El Navaja, aprovechando la situación, se asomó para apuntar, y logró cargarse a otro más. Quedaban dos que venían hacia mí. Solté la pistola, descolgué la escopeta, y les disparé; logré acertarles y cayeron desplomados y desmembrados.

-¡Navaja!- grité- ¿Estás bien? Ya no queda ninguno.

-Sí, por suerte llegaste a tiempo.

Fui a la habitación, y nos dimos un emotivo abrazo.

-¿Dónde estabas?- me preguntó.

-Bajé las escaleras. Ya sé por qué secuestraron a Lara.

-¿Sí, por qué?

-Abajo me encontré a los sobrinos del Barbas. Hace tiempo les tangué cincuenta euros. Esta es su forma de vengarse.

-Joder, que cabrón.

-A uno de sus sobrinos le corté la lengua para que gritara e intentara atraer a algunos guardas, pero se ve que tú llamaste su atención antes que yo.

-Sí, eso parece. ¿Y el otro sobrino?

-Lo dejé atado con las tiras de una cortina que corté con mi katana. Está en el piso de abajo.

-El despacho del Barbas está en ese pasillo- dijo señalando a un pasillo que estaba frente a la habitación- Seguro que nos está esperando, él y alguno de sus hombres más. Nos vendría bien tener con nosotros al sobrino que le queda.

-Pues vayamos rápido a buscarlo, sólo tenemos que ir al otro salón.

-Vale, no creo que se mueva del despacho, y seguro que tiene a Lara allí.

-Sí, debemos tener cuidado para que no le pase nada.

Salimos de la habitación, cuidadosos de no ser pillados por sorpresa, recogí mi katana del suelo, y el Navaja me dio algo de munición. Cuando estuvimos listos y con las armas cargadas, fuimos rápido hacia el salón donde estaban los sobrinos del Barbas. Al llegar vimos al delgaducho yaciendo en el suelo justo donde lo había dejado, y al gordo al lado de su hermano, llorando y aún atado. Supongo que se arrastraría hacia su hermano.

-Tú, gordo- le dije yo mientras le daba una patada para apartarlo de su hermano- te dije que no te movieras.

-¡Mi hermano...está muerto!- gritó el gordo.

-Pero si ya te dije que moriría- le dije- vamos, llegó tu momento.

Corté las ataduras de sus pies y, junto al Navaja, lo levantamos. Caminamos tranquilos, fumando un cigarro, y sabiendo que todo esto podría ser el final, pero algo extraño ocurría, estábamos tranquilos, al menos yo, pero al Navaja se le notaba igual de calmado que a mí, será que antes soltamos toda la adrenalina del cuerpo. Al llegar al pasillo que daba al despacho del Barbas, tiramos el cigarro, lo pisamos, y caminamos adelante usando al gordo sobrino del Barbas como escudo humano. No sabía que podría pasar. ¿Moriríamos nosotros o el Barbas? ¿Lara estaría aún viva? Eso espero, de lo contrario...no quiero ni imaginármelo.

Llegamos frente a la puerta del despacho del Barbas. Yo puse la katana en el cuello del gordo por si tuviera que matarlo de forma rápida.

-¡Barbas!- grité yo- aquí estamos, sabemos que estás ahí. Sal maldita rata, tenemos a tu sobrino, una gran bola de cebo.

Esperamos unos segundos y no obtuvimos respuesta.

-¿Seguro que está aquí?- le pregunté al Navaja.

-Sí, hasta donde yo sé este es su despacho.

-Quizá quiere tendernos una trampa.

-Tengamos cuidado.

Golpeé con fuerza la puerta y grité:

-¡Barbas, abre la puerta o tu sobrino pagará por ti!

Lo cierto es que él tenía a Lara, y podía matarla también.

-Lo mejor será el intercambio- le dije al Navaja.

-Sí, pero si no abre la puerta y sale, no podremos proponerle nada. Será mejor entrar directamente.

-Vale. Probemos a ver si está abierta.

Giré el pomo de la puerta, y estaba cerrada, alguien debía haberla cerrado desde el interior.

-Aparta- le dije al Navaja- voy a disparar a la cerradura.

Me descolgué la escopeta y volé la cerradura y parte de la puerta. El Navaja la termino de abrir de una patada y entramos en el despacho del Barbas, un despacho grande y ostentoso, con varias figuritas de oro macizo sobre su gran escritorio de madera color negro.

-¿Qué coño pasa?-pregunté al Navaja- está claro que es el despacho del Barbas, pero no hay nadie y la puerta estaba cerrada desde dentro.

-Sí, aquí hay algo que no me cuadra. Es imposible que esté cerrada desde dentro sin nadie aquí.

-Debe de haber algún tipo de sala o refugio para esconderse como los roedores.

-Seguro- ¿Tú no sabes dónde se encuentra la entrada?- preguntó el Navaja al gordo.

-No- respondió- y aunque lo supiese, ¿Crees que te lo iba a decir? ¡Mi hermano está muerto! Y vosotros estaréis muertos también. Aunque yo vaya a morir, me queda el consuelo de que mi tío acabará con vosotros.

-Calla puto gordo- dijo el Navaja- antes de que mueras nos divertiremos contigo. Si nos dices cómo entrar, quizá nos apiademos de ti y te matemos de una manera más plácida.

-¿Pensáis que me vais a acojonar?- preguntó el gordo- ya me la pela todo, sólo quiero que mi tío os destroce, y eso estoy seguro de que ocurrirá.

Mientras el Navaja intentaba sacar información al gordo, yo me puse a buscar por el despacho algo, alguna pista de cómo encontrar a Lara. Cada segundo de más que tarde en encontrarla será una más de sufrimiento para ella. Busqué por la mesa, levantando cada figurita y revisándola minuciosamente, pero no encontré nada. En los cajones guardaba papeles y nada más. Miré por las estanterías quitando libros por si hubiese algo tras ellos, pero sólo estaba la pared. Levanté la cabeza para soltar un suspiro, y pude ver una pequeña cámara escondida entre las luces. Volví junto al Navaja, y agarré al gordo.

-Ven aquí- le dije al gordo.

Lo puse frente a la cámara, y puse la katana es su grueso cuello.

-¡Barbas!- grité- Sé que me estás viendo, sal de dónde estés o tu sobrino va a sufrir mucho, pero tranquilo, podrás presenciarlo desde esta cámara.

Conté hasta cinco, y al ver que no había respuesta por parte del Barbas le dije al Navaja que le agarrara la mano al gordo. El Navaja cogió la mano derecha del gordo, la puso recta en horizontal, y con mi katana le corté su gorda mano.

-¡Barbas, te queda poco tiempo!- le grité a la cámara- O sales ya o su mano izquierda acompañará a la derecha.

-¡Para!- dijo una voz que provenía de algún altavoz- Dejadlo en paz.

-¿Eres tú, Barbas?- pregunté- Por tu bien espero que Lara esté sin un rasguño. ¿Quieres a tu sobrino? Pues dame a Lara, así de simple. Luego podrás llevar a esta masa de carne y grasa a un hospital para evitar que la poca sangre que lleva en el cuerpo manche el bonito parqué de tu despacho.

-Está bien- dijo el Barbas a través del altavoz.

Se escuchó el mecanismo de apertura de la puerta, y vimos moverse una de las estanterías.

-Pasad- dijo el Barbas- aquí está tu amiguita Lara, traed a mi sobrino y os la daré.

-¿Deberíamos fiarnos?- me preguntó el Navaja- Este cabrón puede tener algo preparado.

-No nos queda otra. No querrá salir, y si le amenazamos con hacerle algo a su sobrino, él se lo podría hacer a Lara.

-Tienes razón, entremos.

Al entrar pude ver al Barbas apuntando a la cabeza de Lara con su revólver dorado, y a otra chica encadenada como un perro. Al fin pude ver a Lara, no quería ni imaginar por lo que había pasado, la tristeza de su mirada lo decía todo. Lara gritó mi nombre, y el Barbas le dijo que se callara mientras le daba un golpe en la nuca.

-¡Hijo de puta!- le grite al Barbas- Te voy a matar.

-Tranquilo- dijo el Barbas- sólo está inconsciente.

-Venga- dijo el Navaja- hagamos lo que hemos venido a hacer. Por cierto, Barbas, suelta también a esa otra chica.

-Esta chica no es de tu incumbencia- dijo el Barbas- No entiendo que haces ayudando a este despojo humano, ayudándome a mí sacarías mucho más, tú estás en un nivel más alto que él.

-No flipes- dijo el Navaja- no vendería mi amistad, así que ni lo intentes.

-Vamos, Barbas- dije yo- trae a Lara hacia mí.

-Esperad un momento- dijo el Barbas- ¿Dónde está mi otro sobrino?

-Está muerto- dijo el gordo entre alaridos- Ayúdame tito, no quiero morir.

-Seréis cabrones- dijo el Barbas- merecéis que os mate ahora mismo.

-¿Quieres perder a este sobrino también?- le pregunté al Barbas- pues date prisa en decidir qué vas a hacer.

-No me queda otra- dijo el Barbas- tomad a esta zorra.

Acercó a Lara hacia nosotros, y sin dejar de apuntarnos, ayudó a su sobrino a levantarse y llevárselo más atrás, junto a la otra chica.

-Venga- dije yo- ya podemos marcharnos.

Me agaché para recoger a Lara, y me quedé embobado mirando su cara. Por fin podía sacarla de aquí.

-Vamos- le dije al Navaja.

-No, espera- dijo él- Barbas, suelta a esa otra chica. Ya sacamos antes a otra que estaba encadenada igual que esta.

-Te he dicho que no te metas donde no te incumbe- dijo el Barbas- Largaos ya.

-No, Barbas- dijo el Navaja- no pienso dejar a esa chica ahí. Suéltala.

La situación se estaba volviendo muy tensa. Ambos se estaban apuntando, y yo usaba mis dos manos para sostener a Lara.

-La cosa marcha bien hasta ahora- dijo el Navaja- no lo arruines.

-Eres tú quien lo va a arruinar- dijo el Barbas- última oportunidad, largaos...

Antes de que acabara la frase, el Navaja le había metido una bala en la cabeza. Se acercó al gordo, apuntó a su cabeza, y le dijo:

-Ya es tu hora, se acabó tu sufrimiento.

Apretó el gatillo poniendo fin a su vida. En ese momento, Lara comenzó a despertarse. Me quedé mirando su cara, y sus ojos mientras los iba abriendo poco a poco. El Navaja se acercó a mí y me preguntó cómo estaba Lara.

-No sé- le respondí- Lara, ¿estás bien?

-Sí- dijo ella con voz adormecida- Sarah. Cuidado.

Aún no estaba del todo consciente, qué quería decir con eso. Sarah era su amiga de la facultad. ¿Sería Sarah esa otra chica? Levanté la vista para mirarla, y estaba apuntándonos con el revólver dorado del Barbas.

-Pero qué...-dijo el Navaja al verla antes de recibir un balazo en el pecho.

Él respondió apretando el gatillo contra la joven, pero no antes de que esta me alcanzara a mí en el brazo izquierdo. ¿Qué coño había pasado? La chica esa estaba en el suelo, muerta; el Navaja igual; y Lara cayó al suelo cuando recibí el balazo. Me acerqué a Lara para ver cómo estaba, y pude respirar tranquilo al ver que seguía consciente.

-Lara, ¿Te encuentras bien?- le pregunté preocupado.

-Sí, sólo me duele la cabeza y estoy un poco mareada, pero ya se me está pasando.

-¿Quién era esa chica?

-Sarah, mi amiga...bueno, amiga, eso creía yo antes de saber que estaba trabajando para el Barbas. Que se joda la muy zorra, ella le estuvo dando información al Barbas sobre nosotros. Es una historia muy larga para el tiempo que tenemos, ¡Mira tu brazo! tengo que llevarte al hospital.

Me encuentro bien, mejor que nunca sabiendo que tú lo estás. Te quiero Lara. Me he dado cuenta de que no puedo estar sin ti. Eres la medicina que cura mis males, la que me ha sacado de este mundo tan fúnebre. Jamás me perdonaré que lo hayas conocido tan a fondo.

-Yo también te quiero, no sé cuando empecé a quererte de esta forma, pero algo dentro de mí me pide estar contigo, a tu lado. Y no, no es culpa tuya, tú has venido a salvarme, la culpa es de la zorra de Sarah.

-Siempre queriendo quitarme preocupaciones.

La besé, y mis labios se fundieron en uno junto a los suyos. Aún no podía creerme que estuviera a su lado, abrazándola y besándola; este es el mejor momento que recuerdo de mi vida...el mejor hasta que comencé a marearme y el estómago se estaba revolviendo dejando un profundo pinchazo. Lara debió notarlo porque me preguntó:

-¿Qué te pasa?

Su voz parecía distorsionada, y me estaba entrando sueño. No podía más, sólo podía mirar a Lara llorando mientras me abrazaba. Todo se fue volviendo cada vez más oscuro hasta que la oscuridad devoró todo y mi consciencia se rindió.

Me desperté en la habitación del hospital. No veía muy bien, parecía estar todo nublado. Escuché una voz decir "¡Estás despierto!" esa voz, esa dulce voz, era Lara. Giré la cabeza hacia la derecha y la vi, sentada en un sillón y agarrándome la mano derecha.

-Al fin has despertado- dijo Lara- No sabes lo contenta que estoy de verte abrir los ojos, no podría soportar que hubieras muerto.

Intenté hablar, pero no pude, no me salía ninguna palabra.

-Tranquilo- dijo Lara- no intentes hablar. Debes descansar. Avisaré al doctor.

Lara se levantó del sillón y salió de la habitación. Sentía una rara sensación por mi cuerpo, muchísima sed, y unas irremediables ganas de vomitar, pero estaba vivo. No sé qué pasó desde que me quedé inconsciente, pero seguro que Lara estuvo cuidando de mí.

-Buenos días- dijo una voz- soy el doctor Jiménez, me alegro de que te hayas despertado. Sabía que serías fuerte y te recompondrías. Voy a comprobar cómo estás.

Miró los aparatos que tenía conectados a mi cuerpo y me dijo:

-Está todo bien. Ahora debes descansar, tienes que recuperarte, tu operación fue complicada. Volveré en una hora a ver cómo te encuentras.

El Dr. Jiménez fue saliendo de la habitación, pero antes de salir le dijo a Lara:

-Avísame si ves que le ocurre algo.

-Sí doctor.

El Dr. Jiménez salió de la habitación, y Lara se sentó en el sillón.

-¿Cómo te encuentras?- me preguntó Lara tras darme un beso.

-Raro, no sé, no sabría explicarte, como atontado.

-Será parte del postoperatorio. Ya escuchaste al doctor, debes descansar.

-¿Qué pasó?- sólo recuerdo que me empecé a encontrar muy mal y luego me desmayé.

Intenté mover el brazo izquierdo pero apenas me respondía, estaba casi paralizado.

-¿Qué ha pasado?- pregunté nervioso- Casi no puedo mover el brazo.

-No te preocupes, estuviste a punto de perderlo, pero el Dr. Jiménez pudo salvarte el brazo, de no ser así lo hubieras perdido. Además, dijo que la rehabilitación te ayudaría a ganar movilidad.

-Pero...mi brazo.

Quedé un poco atónito al enterarme de que mi brazo estaba bien jodido. Joder, puto Barbas, todo por su culpa y por la de la zorra esa, aunque me queda el consuelo de que están muertos.

-No te preocupes- me dijo Lara- yo estaré a tu lado.

-Tú siempre cuidando de mí, no sé qué hubiera sido de mí sin ti.

-Hubieras seguido adelante.

-No, no digas eso. Si no fumé nada fue por ti. Estuve a punto de fumar antes de ir a la casa del Barbas, pero no quise decepcionarte.

-Pero fuiste tú el que dijo que no. Tú el que no decaíste y aguantaste.

-Sí, pero tú por quien lo hice. Por cierto, ¿Y el Navaja?

-Está muerto. Sarah le disparo, por suerte él acabó con ella después de que te disparase a ti. Cuando te desmayaste me quedé impotente, no sabía qué hacer. Al ver al Navaja muerto, te traje como pude hasta aquí. También tuve que hablar con la policía cuando la avisaron desde el hospital.

-Joder...era un buen tío. ¿Qué le dijiste a la policía?

-Les dije en parte la verdad...aunque añadí algunas cosas. Les dije que el Barbas nos secuestró a los dos, y que el Navaja, que era tu amigo, fue a buscarte, pero en el tiroteo final él murió y tú resultaste herido. No me dijeron nada, sólo que no nos fuéramos muy lejos por si querían volver a hablar.

-Vale, está bien pensado.

Un mareo sacudió mi cabeza y la habitación pareció empezar a dar vueltas.

-Uff, me estoy mareando- le dije a Lara- tengo mucho calor y todo parece dar vueltas.

Giré la cabeza y comencé a vomitar. Parecía la fuga de una tubería, no paraba de soltar líquido. Tras soltarlo todo me empezó a entrar sueño. Sólo pude ver a Lara empapada de mis vómitos antes de quedarme dormido. Cuando desperté, Lara seguía a mi lado, pero con otra ropa, debió darse una ducha tras dejarla empapada de mis desechos estomacales. Me miraba con su dulce sonrisa, la misma que alumbraba mi vida y me transmitía tranquilidad.

-¿Cómo te encuentras ahora?- me preguntó Lara.

-Mejor que antes.

-El doctor me dijo que ya te irás encontrando mejor. Vomitaste toda la anestesia.

-Te dijo cuándo podré salir de aquí. No me gusta estar encerrado, me recuerda a una prisión.

-Pronto. El Dr. Jiménez dijo que en cuanto drenaras todo, y dice que va bien.

-Me alegro. ¿Me puedo levantar?

-Sí, con cuidado, para no sufrir ningún mareo. ¿Quieres intentarlo?

-Intentarlo no, lo voy a hacer. Si he conseguido dejar de fumar base, puedo lograr lo que sea.

-¡Así me gusta!- dijo Lara con tono de felicidad- esa es la actitud. Vamos, te ayudaré.

Me incorporé con ayuda de Lara, y me senté en la cama. El brazo izquierdo me colgaba, apenas podía controlarlo.

-Vamos- dijo Lara- ahora ponte en pie.

Apoyé los pies en el suelo, y me levanté. Lara me agarraba, me costaba mantenerme en pie porque empezaba a marearme, pero no me senté, seguí andando. Salimos de la habitación, y estábamos en el típico pasillo de hospital. Al fondo se veía una pequeña terraza al aire libre.

-Vamos a la terracita- le dije a Lara.

-Sí, te sentará bien el aire fresco.

Fuimos a la terraza, y el aire fresco que corría por allí pareció revitalizarme por completo, o casi, el mareo se me fue pasando poco a poco hasta que me encontré bastante bien. Sentado junto a Lara, la chica de mi vida.

-¿Puedo fumarme un cigarro?- le pregunté a Lara.

-El Dr. Jiménez dijo que mejor esperar a mañana, drenarás mejor y saldrás antes.

-Vale, esperaré, estando junto a ti no necesito nada más. Si quieres puedes fumar tú, no me importa.

-No, esperaré contigo.

Lara me dio un beso, y me di cuenta de lo feliz que estaba. Había dejado de fumar esa mierda blanca que me estaba destruyendo, y estaba al lado de la mejor chica del universo, todo lo demás me importaba una mierda...bueno, sólo lo siento por el Navaja, era un buen amigo, no debió acabar así.

-Volvamos a la habitación, es la hora de merendar.

-Vale, no tengo mucha hambre, pero comeré lo que pueda para coger fuerzas.

Volvimos a la habitación para esperar la merienda. Lara se sentó en el sillón mientras yo me tumbé en la cama.

Lo peor de estar aquí es la eterna espera, el no saber cuándo podré salir de aquí...la misma pregunta que me hacía a mí mismo cuando ni siquiera me había reencontrado con Lara. Estando enganchado a la base me sentía en parte así, encerrado, aunque libre para caminar; vivía en una prisión de destrucción, al menos esta es una prisión de curación...por suerte soy un paciente y no un preso.

La puerta de la habitación se abrió, y entró una mujer empujando un carrito con vasos de plástico, zumo, café, y galletas.

-Buenas tardes- dijo la mujer.

-Buenas- dijimos Lara y yo.

-¿Qué quieres para merendar?- me preguntó la mujer.

-Un café, por favor- le respondí.

La amable mujer me sirvió el café, y me dio un paquete con cinco galletas.

-¿Tú quieres algo?- le preguntó a Lara.

-Si puede ser, un café- respondió Lara.

-Claro- dijo la mujer- aquí tienes.

-Gracias- dijo Lara.

La mujer se despidió, y se fue a seguir sirviendo la merienda a los enfermos. Lara y yo nos bebimos el café, y comimos un par de galletas. En el hospital los minutos pasan lentos, y las horas parecen no pasar.

Después de merendar volvimos a salir a la terraza, así al menos no estaba encerrado en la habitación. Tras pasar lo que quedaba de tarde sentados y charlando, volvimos a la habitación porque una enfermera vino a avisarnos de que me tenía que poner una medicina para el dolor. Tras la medicación, llegó la mujer de la merienda, esta vez con una bandeja con la cena. Dejó la bandeja y se marchó.

-A ver qué te han traído para cenar- dijo Lara.

-Pollo al ajillo, y una ensalada. ¿Tú no cenas nada?

-No, no te preocupes.

-Cómo que no me preocupe, no vas a pasarte toda la noche sin comer. Baja a la cafetería del hospital y píllate algo.

-Es que no quiero dejarte aquí solo.

-Tranquila, estaré bien aquí. No me pasará nada, sólo estaré cenando mientras tú bajas a por tu cena.

-Vale, bajaré. Tardaré lo menos posible.

Lara fue a la cafetería, y yo cené lo que me trajeron. Me sentía cansado y con algo de sueño, y esperando a Lara me quedé dormido.

Al despertar, Lara estaba dormida en el sillón. No quería despertarla, pero una enfermera llegó para cambiarme uno de los botes de medicina, y con el alboroto se despertó.

-Buenos días- le dije a Lara.

Lara me dio un beso y me dijo:

-Ayer te quedaste dormido esperándome. Siento que tardara tanto en llegar, pero había cola en la cafetería.

-No te preocupes, estaba muy cansado. Me han venido bien estás horas de sueño. ¿Podré salir de aquí hoy?

-Pues no sé. Sobre las diez vendrá el doctor, a ver qué nos dice. El doctor Jiménez es muy amable.

-Sí, lo poco que he tratado con él me ha dado esa sensación.

Estuvimos esperando la visita del doctor con paciencia, haciendo planes para las vacaciones, pensando dónde podríamos ir, y todo nos parecía perfecto siempre que estuviéramos juntos. Escuchamos una voz dar los buenos días, no era la voz del doctor Jiménez.

-Buenos días- dijimos Lara y yo.

-¿Cómo te encuentras?- me preguntó el doctor.

-Bien, con ganas de salir de aquí y empezar la rehabilitación.

-Tranquilo, no tengas tanta prisa en salir, todo lleva su tiempo.

-Ya, pero yo me encuentro perfectamente. Sólo el brazo, pero eso me lo arreglarán en la rehabilitación.

-Sí, pero debemos seguir un procedimiento. Los presos saben cuándo entran, no cuándo salen. Saldrás cuando tengas que salir.

¡Qué! Qué dice el tío este de los presos, yo no soy ningún preso, soy un paciente.

-¿Perdone?- le dije al doctor- Qué me está contando de presos. Yo no soy ningún preso, soy un paciente de este hospital, no un preso. Esto no es una cárcel, pero usted tiene toda la cara de un carcelero.

La cara del doctor carcelero se volvía más amarga de lo que era.

-Sólo tienes que entender que no saldrás hasta que esté todo acabado. Siempre puedes pedir el alta voluntaria, pero olvídate de volver si te pasa algo.

-Tranquilo- me dijo Lara- no eches cuenta a este señor. ¿No ves la cara y la aptitud que tiene? Debe estar amargado y lo paga con los pacientes.

-Sí- le dije a Lara antes de mirar al doctor y decirle- Usted lo que debe de hacer es buscar trabajo en una prisión, a ver lo que dura allí con su aptitud hacia los que sufren.

El doctor carcelero no dijo nada y salió de la habitación. No puede ser que un doctor trate así a un paciente, no estamos aquí por gusto. Al menos el doctor Jiménez, y seguro la mayoría de médicos, no son así, son amables y se nota que entienden que no nos gusta estar aquí y lo llevamos lo mejor que podemos.

El doctor carcelero me había dejado de los nervios, por suerte para mí, Lara estaba a mi lado, y una simple caricia y mirada de su parte valía más que cualquier tranquilizante. Esto debe ser el amor del que tanto he oído hablar.

Pasamos una tarde bastante amena, tomamos lo mismo para merendar, y para mi sorpresa recibí una visita del doctor Jiménez, aunque sin bata blanca, iba vestido con su ropa personal.

-Buenas tardes- dijo el doctor Jiménez con su característica amabilidad.

-Buenas, doctor- dijimos Lara y yo.

¿Qué tal te encuentras?- me preguntó el doctor Jiménez.

-Bien, con ganas de salir.

-No te preocupes, mañana ya estarás fuera, todo va bastante bien.

-¿En serio?- le pregunté bastante dubitativo.

-Sí, claro. Además mañana, cuando salgas, tendrás tu primera sesión de rehabilitación. Es en el edificio de allí abajo- dijo señalando por la ventana.

-Bien, me alegro.

-Te daré una cita para verte el brazo en un mes.

-Perfecto, doctor. Es usted muy amable, y si trata igual a todos sus pacientes, seguro que le estarán tan agradecidos como yo por su amabilidad y comprensión. Siga así, seguro que se lo agradecerán sus pacientes.

-Gracias, hago lo que debo hacer, bastante tenéis con estar aquí. A nadie le gusta estar encerrado.

El doctor Jiménez no se parece en nada al doctor carcelero. Eso es de agradecer. El doctor Jiménez se despidió de nosotros y salió de la habitación.

-¿Ya estás contento?- me preguntó Lara- ya mañana volvemos a casa.

-Sí, muy contento, aunque un poco nervioso por mi primer día de rehabilitación.

-No te preocupes, seguro que se te pasa volando.

-Sí, eso espero, y poder mover el brazo al final.

-Seguro, eres capaz de lo que te propongas.

-Siempre que estés a mi lado.

-Siempre lo estaré.

El resto del día lo pasamos igual que el anterior, no había mucho más que hacer aquí, era agobiante y monótono, por suerte ya quedaba poco para salir de esta prisión de curación. Lara también debía estar harta de este lugar, se lo notaba en su cara, y el lugar en el que dormía no ayudaba nada a su descanso. Después de cenar, y de tomar un poco el aire en la terraza, fuimos a dormir deseando que llegara el siguiente día lo más rápido posible.

A la mañana siguiente, una enfermera vino con los papeles del alta, y dispuesta a quitarme el drenaje. Vi que sacó un bisturí, muchas gasas, y alcohol. Decidí no mirar, pero no podía evitar que me doliese. Era un gran dolor, pero soportable, lo malo llegó después, cuando sentí un gran tirón y la sensación de que sacaran algo de mi brazo. Al mirar a la enfermera vi una varilla de unos diez centímetros...eso era lo que tenía dentro de mi brazo; pocos dolores recuerdo como ese.

-Ya podéis marcharos- dijo la enfermera.

-Gracias- le dije.

-Recojamos todo y salgamos de aquí- dijo Lara.

-Sí, ahora debemos ir al edificio de ahí abajo. Espero que no tardemos mucho, tengo ganas de llegar a casa.

-Y yo también. Deseo coger ya la cama.

Salimos del hospital, y fuimos al edificio de rehabilitación. Allí entregué el papel que me dieron, y me hicieron pasar al gimnasio. Me presentaron a la fisioterapeuta que me trataría. Le pregunté si Lara podía quedarse a la sesión. Me dijo que hoy sí, pero las siguientes debería esperar fuera. Tras leer el informe, me pidió que moviera el brazo todo lo que pudiera. Hice lo que me pidió, pero no obtuve un gran resultado.

-No te preocupes- me dijo la fisioterapeuta- ya verás cómo mejoraras con los ejercicios.

-Seguidme, vamos a hacer un ejercicio para la movilidad de los dedos.

La seguimos hasta una de las paredes del gimnasio, una con una especie de escalera de mano en miniatura.

-Mira- dijo la fisioterapeuta- tienes que poner los dedos aquí, e ir subiendo con ellos hasta arriba.

Me puso los dedos en el primer peldaño, y apenas pude subir tres.

-Joder- dije yo- pues sí que cuesta.

-Ya verás que logras subir más. Ahora vamos a la camilla. Voy a estirarte el brazo y moverlo para que vaya acostumbrando a la movilidad. Cuando te duela mucho, avísame.

Me tumbé en la camilla y comenzó a moverme el brazo, a estirarlo y moverlo sin parar. Cada vez que me movía el brazo, el dolor era como si me clavasen mil agujas a la vez...pero debía de aguantar. Continuó así unos veinte minutos más y me dijo que habíamos acabado. Yo me tocaba el brazo por el dolor que tenía tras los ejercicios, y ella me preguntó si podría soportarlo.

-Sí. Duele bastante, pero aguantaré, todo sea por ganar movilidad.

-Bien- dijo la fisioterapeuta- con esa actitud seguro que se te pasará rápido. Mañana nos vemos a la misma hora que hoy.

-Vale- dije yo- Hasta mañana.

Lara y yo salimos del gimnasio y decidimos tomar algo en un bar cercano al gimnasio de rehabilitación.

Nos sentamos en la terraza del bar y pedimos un par de cervezas y unas tapas. Estuvimos charlando sobre todo lo que pasó en la casa del Barbas. Me contó que Sarah, su "amiga" de la universidad, le había estado pasando información al Barbas de por dónde nos movíamos. Ella se enganchó a la cocaína, y por lo visto le gustaba esos sórdidos juegos que se traía con el Barbas. Charlando, y disfrutando de las tapas y la cerveza, se había hecho tarde. Decidimos volver a casa.

Ya estando en casa, Lara fue a la habitación, y apareció en el salón con su cajita de madera en la que guardaba la yerba.

-Me voy a liar un pitillo- dijo Lara- ya puedes fumar, disfrutemos de un buen porro.

-Bien...yo ya no puedo liármelos.

-Bueno, seguro que con la rehabilitación ganas mucha movilidad. Hasta entonces estoy yo.

-Sí...gracias por todo, Lara. Te quiero.

-Yo también. Y no me des las gracias, lo hago por eso mismo, porque te quiero y no quiero perderte.

Tras fumarnos el pitillo nos fuimos a la cama y, aunque estábamos cansados, era la primera noche que íbamos a dormir juntos. Los besos y caricias de Lara no podrían ser comparados con algo terrenal, y tras esos besos que parecían mancharme de miel del dulzor que dejaban en mis labios, nos fundimos en uno forjando algo más duro que cualquier material, nuestro amor.

A la mañana siguiente, tras una noche movidita pero bastante agradable, decidimos pasarnos a ver a la psicóloga antes de ir a rehabilitación. Quería comentarle todo lo que ocurrió, y que ya no sentía la necesidad de fumar base. La psicóloga se asombró por todos los acontecimientos que vivimos Lara y yo. Se alegró porque mi necesidad de fumar base desapareció, dijo que no era lo normal en casos como el mío, pero que mis sentimientos hacia Lara tuvieron mucho que ver. También insistió bastante en que era hora de dejar de fumar marihuana, y tras pensárnoslo mucho, decidimos ponernos a ello; no sería fácil pero, qué lo es hoy en día, juntos lo conseguiremos.

Cuando salimos de la consulta de la psicóloga fuimos a

rehabilitación. Esta vez Lara esperó en el bar. La sesión duró unos treinta minutos de profundo dolor, dolor que se subsanó al ver sonreír a Lara cuando salí del gimnasio.

Los meses fueron pasando con la misma monotonía diaria. Lara me dejaba en rehabilitación, y ella iba a la facultad. Yo volvía en autobús tras los dolorosos ejercicios que hacia junto a mi fisioterapeuta, y esperaba a que Lara llegara a casa.

Había días que casi dejo la rehabilitación, parecía que no avanzaba nada en cuanto a movilidad, pero hoy ya consigo agarrar un vaso, parece poca cosa, pero es un gran logro. También dejamos de fumar maría como nos aconsejó la psicóloga. Nos costó bastante, pero apoyándonos Lara y yo logramos pasar el mono día tras día. Por suerte la monotonía se rompía al llegar Lara a casa, íbamos al cine, a comer fuera, y a pasar el tiempo disfrutando juntos.

Ahora siento una auténtica sensación de libertad, libre de la droga que me mantuvo preso tanto tiempo haciéndose pasar por mi felicidad...ya no estoy atado a ella. Está claro que si crees que puedes, puedes. Yo creí que podría salir de ese oscuro mundo y lo logré. No me arrepiento de nada de lo que hice, la verdad, de no haber pasado por todo lo que pasé, no sería quien soy, y seguro que ahora no estaría junto a Lara, mi amor eterno, más adictiva que cualquier droga.

FIN